WIELKI OGARNIACZ ŻYCIA

PANI BUKOWA

WIELKI OGARNIACZ ŻYCIA

czyli jak być szczęśliwym,
nie robiąc niczego

WYBIERZ MĄDRZE
OGARNIJ SWOJE ŻYCIE
DOŻYWOTNIA DARMOWA PIZZA

Ogarniacz Życia

Moje życie to chaos. Gdyby ktoś wynalazł Ogarniacz Życia, to otrzymałby nie tylko Nagrodę Nobla, ale też wszystkie moje pieniądze. Zwłaszcza że jest koniec miesiąca. Myślę, że fakt, iż w XXI wieku nadal nie mamy Ogarniacza Życia, to wynik międzynarodowego spisku, bo żaden rząd nie chce, żebyśmy się ogarnęli. A to podstawa wszelkiej działalności powinna być: ustalić, co dziś trzeba zrobić, a co można. A czego się nie powinno, ale bardzo się chce, więc też można. Byleby jakiś ogląd tego był, żeby nie żyć w samozamotaniu i samozapętleniu.

Ale zaraz, zaraz, przecież żyjemy w czasach szybko rozwijającej się sztucznej inteligencji i prześcigających nas w mądrości telefonów. Na pewno są jakieś apki, które odwalą tę robotę za mnie. **BEZPŁATNE APKI** na przykład. Poszukajmy... Ta jest zbyt korporacyjna. Ta nieczytelna. A ta chce moich pieniędzy. Przecież nie kupię kota w worku. Dobra, inaczej.

Excel. Lubię ten program. Jest to lubienie z rozsądku, gdyż muszę w nim pracować osiem godzin dziennie, robiąc w nim różne kolorowe i fikuśne tabelki. To ma tę zaletę, że **TROCHĘ SIĘ NA TYM ZNAM**, chcąc nie chcąc. A już na pewno jestem w stanie za pomocą Excela uporządkować swoje życie. Na kolorowo i fikuśnie. Okej. Od czego by tu zacząć... **DLACZEGO, DO CHOLERY, JAK PISZĘ „PONIEDZIAŁEK", TO MI ZMIENIA NA DATĘ? NIGDY TAK NIE ROBIŁ!**

Minęły dwie godziny, a ja nadal mam napisane „2017 03 13" i nie wiem, jak to zmienić na „poniedziałek". Trzy lata pracy w Excelu, a ja nie umiem napisać jednego słowa, jak się okazuje. No to już widzę, jak sobie życie ogarnęłam. To jeszcze inaczej! Ludzie kiedyś korzystali z takiego archaicznego zestawu jak zeszyt i długopis. Przecież mam w domu zeszyt i długopis, prawda?

Mam żarówiastą kredkę i jakiś świstek papieru. **DOBRZE.** Od tego zaczniemy. Uporządkujmy chaos. Doba ma dwadzieścia cztery godziny. Z tego siedem... osiem... No dobrze, dziewięć na sen, tak z zapasem. Plus drzemka po pracy. Wychodzi dziesięć i pół. Było kiedyś takie piwo, dziesięć i pół, jak byłam za mała, żeby pić. Ciekawe, czy wróciło, tak jak frugo. Może sprawdzę w interne... **CICHO! OGARNIAM ŻYCIE.** Praca – osiem... No, umówmy się, nie jestem mistrzem samodyscypliny. Siedem... Dam dla bezpieczeństwa sześć i pół. Razem ze snem to daje... Teraz by się Excel przydał... Siedemnaście. Od dwudziestu czterech odjąć siedemnaście... Czyli po kolejnych skomplikowanych obliczeniach na poziomie pierwszej klasy szkoły podstawowej wychodzi, że zostaje mi około siedmiu godzin na dobę, które mogłabym sensownie spożytkować.

Siedem godzin. Co ja robię tyle czasu? Mam zmywarkę, pralkę, jedzenie zamawiam przez internety, a pieluch żadnych – dzięki Ci, Boże – nie muszę zmieniać. **CO JA ROBIĘ Z ŻYCIEM?** Siedem godzin to dość czasu, żeby iść na basen czy inny fitness, wziąć prysznic, przeczytać mądrą książkę i wynaleźć lekarstwo na raka. Dwa razy.

Odpowiedź może być tylko jedna – ktoś mi ten czas perfidnie i z premedytacją kradnie. W biały dzień. A ta zresztka, co mi zostaje, to tyle co kot napłakał. Zobaczmy to na przykładzie z wczoraj. Wstałam jak zawsze punktualnie o siódmej, bo o tej godzinie sąsiad zza ściany zaczyna remont. Nie wiem, jakim prawem jemu wolno wiercić **BLADYM ŚWITEM**, a jak u mnie jest kulturalna impreza o północy, to zaraz skandal.

No więc wstałam i co to ja robiłam? Wiadomo, jakaś tam namiastka śniadania i oglądanie śmiesznych kotów na telefonie, bo tak samemu jeść to smutno. Potem parodia makijażu wykonana naprędce i równie ekspresowe wyjście do biura. Po pracy (a nawet trochę wcześniej, bo ja nie lubię czasu tracić) ewakuowałam się, jak tylko szef wyszedł, i kulturalnie wróciłam do domu.

Żadnych shoppingów po drodze, nic a nic, punkt szesnasta byłam w domu. Potem chyba coś jadłam i znowu koty w internecie. Jak ich nikt nie ogląda, to muszą czuć się bardzo samotne. Do tego winko na trawienie, wiadomo. **ALE TO CHWILKA NA POSIŁEK, PRZECIEŻ TRZEBA JEŚĆ**, nie wiem, ile czasu mi zeszło, może pół godzinki, może trzy.

A potem – bo takie miałam postanowienie – wzięłam tę mądrą książkę, która to sprawi, że stanę się lepszą osobą (i której się zbliża dedlajn w bibliotece). Siadłam z nią kulturalnie na kanapie, zawinęłam się w kocyk, otworzyłam wino... I w sumie dalej to nie pamiętam, ale znajoma twierdzi, że widziała mnie w tym kocyku w jakimś nocnym klubie.

Nigdy nie odkładaj niczego na jutro.
Odkładaj na wczoraj.
Wczoraj nigdy nie nastąpi.

O nieobecnych nie mówi się wcale
albo mówi się dobrze.
Na przykład:
dobrze, że go tu nie ma.

Może by tak **na basen**?
JEZUS MARIA
Może nie

Jak nie iść na basen

Ludzie zawsze robią noworoczne postanowienia. To jest dziwne, bo to takie: „Zmieniła się data w kalendarzu, to ja zmienię swoje życie". W środku zimy mam zmieniać życie. Jeszcze mnie nie posrało. Jedyne, co się dobrze zmienia w środku zimy, to pozycję w łóżku. Ktoś kiedyś, chyba jakiś niedźwiedź, mądrze wymyślił ten cały sen zimowy, ale potem jakiś niewyżyty aktywista wszystko popsuł i stwierdził, że to dobry czas na robienie rzeczy i ogólnie niedorzeczny entuzjazm. Mam nadzieję, że ten niedźwiedź chociaż go zeżarł za karę.

Jedyną sensowną i **NATURALNĄ** porą na realizację postanowień jest początek wiosny. Optymizm się budzi do życia, drzewa kwitną, ptaszki szwargoczą, słońce nieśmiało wychodzi zza smogu, śnieg topnieje i odkrywa wszystkie psie gów... Wróć. Optymizm. Optymizm się budzi do życia. Ciepło się robi. Wszystkie znaki na niebie – bo, jak ustaliliśmy, na ziemi niekoniecznie – zdają się mówić: „**TERAZ!** To jest twój moment! Bierz tę swoją grubą dupę w troki i weź się do roboty, zanim zapomnisz, że miałaś to zrobić".

No więc biorę ją w troki i się zabieram. Otwieram szafę i rozpoczynam poszukiwania. Znowu ktoś mi straszny bajzel w garderobie zrobił. I po cholerę mi tyle koronkowych majtek, skoro ostatnio je miałam na sobie chyba w ubiegłym dziesięcioleciu, jak sprawdzałam, czy pasują. O, jest! Zestaw! Zestaw niewiadomego przeznaczenia. Pewnie włożyłam go tu dokładnie rok temu. Klapki, ręcznik, czepek ranny. Jako ta *Małpa w kąpieli*. Jeszcze by się strój kąpielowy do tego przydał. Dwuczęściowy? Sprawdzam w lustrze, jak tam moje fałdki. Czy jednoczęściowy? Patrzę, jak tam moja dupa. A może raczej jakiś skafander kosmonauty plus przyłbica? To byłby odpowiedni strój na tę męczarnię. Tak właściwie co to za faszyzm, że nie wolno się ubrać, jak się chce? W jakim kraju my żyjemy? Na co idą moje podatki? **NA CO IDĄ MOJE PINIONDZE, JA SIĘ PYTAM!**

Ostatecznie wybieram jednoczęściowy. Ciemnoniebieski, bo wyszczupla. Rzekomo. Chyba jeśli się nim żywisz na co dzień i popijasz zieloną herbatą. Cycki mi się z niego wylewają, ale to dobrze, bo to jedyne, co ma prawo się wylewać. Gorzej, że cała reszta też się wylewa. **NIC TO!** Wiosna jest! Pora niezdrowego optymizmu i realizacji nierealnych założeń! **BAWIMY SIĘ, DO CHOLERY!** Pakuję wszystko elegancko do torby metodą „nieważne jak, ważne, że szybko". Gotowe. Wstaję. Jestem pewna siebie i zajadła. Zajadła. Coś bym zjadła. Lepiej się najeść na zapas, bo na tym basenie to ze trzy... dwie... półtorej... z godzinę mi zejdzie na pewno. Idę do lodówki. Znowu głównie światło. A, zaraz, mam przecież batoniki skitrane w szufladzie. Tak, bardzo dobrze, w reklamach sportowcy zawsze jedzą batoniki, jak są głodni i nie są sobą. Ja chyba nigdy nie jestem sobą w takim razie. **OMNOMNOM.** Dobry batonik, orzeszki takie orzeszkowe, karmel taki karmelowy, słodkie do obrzydzenia, tfu! Pychotka.

No nie wiem, taki jeden batonik, kiedy przede mną **PÓŁ GODZINY OSTREGO PŁYWANIA**? Na wszelki wypadek wsuwam jeszcze dwa. Popijam kawą, bo po tym słodkim pić się chce niemożebnie. Kawa pobudza, dodaje energii. Pobudzona jestem, tak. Energia bucha. Z rozgrzanego brzucha. Idę! Idę, do diaska! Idę na basen i będę w nim pływać. Czy na nim? Jak się mówi? **TO JEST CIEKAWA SPRAWA, SPRAWDŹMY TO W INTERNETACH.** „W basenie czy na basenie, wujku Google'u?" – pytam grzecznie. Pierwszy wynik „Zagrożenia czyhające na basenie". Drugi: „Co zrobić, gdy woda w basenie jest zielona". „Choroby skóry wywołane pływaniem w basenie". Ja nie zmyślam, wygooglujcie sobie „w basenie" – właśnie takie rzeczy wyskakują. „Glony w basenie – jak zadbać o swój basen". **DOBRZE, PRZEKONALIŚCIE MNIE.** Basen definitywnie odpada.

Wymyślę coś innego.

Jutro.

Może.

Najlepszy czworonożny
przyjaciel człowieka:
łóżko.

FACET U FRYZJERA
PRZED
PO
20 zł
KOBIETA U FRYZJERA
PRZED
PO
150 zł

Jak (prawie) zejść na zawał u fryzjera

Kobieta zmienną jest. I jako ta zmienna patrzę czasem w lustro i myślę sobie: „O nie! Trzeba coś zmienić!”. Fitness? Siłownia? **NO DOBRZE, NIE POPADAJMY ZARAZ W SKRAJNOŚCI.** Może fryzjer? Tylko co by tu…? Szukam inspiracji w prasie i internetach. „Przedziałek to prawdziwy hit nadchodzącego sezonu. Może się pojawić z prawej lub lewej strony albo symetrycznie rozdzielić włosy pośrodku głowy. Dobrze prezentuje się na rozpuszczonych włosach albo przy włosach związanych”. No i git. Zwykle noszę włosy rozpuszczone lub związane. Mam przedziałek, który pojawia się ze strony prawej lub lewej – zależnie od pozycji, w jakiej usnę. Niestety, mimo spełniania tych wszystkich warunków przedziałek jakoś nie zaspokaja mojej potrzeby olśniewania świata własną wspaniałością.

Zatem farba.

W salonie rzucam się w objęcia pana Andrzeja. Z pewną nieśmiałością się rzucam, bo to nasz pierwszy raz. Oczywiście nie oddaję mu się w ciemno – wcześniej był odpowiedni risercz, bo musiałam się upewnić, że pan Andrzej swoimi rękoma i umiejętnościami zadowolił wiele kobiet. Z lekkim drżeniem rozpuszczam przed nim moje dziewicze, nietknięte farbą włosy. Pan Andrzej pieści je lekko w dłoniach i pyta:

– Co robimy? Ombre?

– Aha – wykazuję się elokwencją i wydobywam smartfona, żeby zaszyć się gdzieś na następne trzy godziny.

Nic z tego. Pan Andrzej wyskakuje z różnokolorowymi puklami i ustalamy, że w tej chwili jestem blondynką, i do tego ciemną. No okej – miałam już wcześniej takie podejrzenia. Potem pan Andrzej decyduje, że idziemy w tonacje zimne. Wyczuł mnie.

I lecimy z tematem. Pac, pac, pac – rozjaśnianie. Pan Andrzej krąży po salonie niczym impresjonista wokół sztalug. Co jakiś czas dopada z pędzelkiem do moich włosów i rzuca zapewne zabawne komentarze. Uśmiecham się sztucznie do lustra, bo nie za bardzo słyszę, co mówi – gdzieś obok buczy suszarka, a ja tu jestem zajęta kotami w internetach.

Koniec rozjaśniania. Płukanko, suszonko, szast-prast i z ciemnej blondynki jestem blondynką rudą. Coś strasznego. Dawać mi ten kolor. Pan Andrzej od razu zapewnia, że to rude zaraz zniknie i chłopak będzie zachwycony. Mieszając farbę, rzuca pytanie:

– Ma pani chłopaka?

– Tak – odpowiadam, bo choć spotkaliśmy się dopiero ze cztery razy, to zawsze fajnie odpowiedzieć twierdząco na takie pytanie.

– A czym się zajmuje?

– Jest kurierem.

– Żona mnie zostawiła dla kuriera…

AAA! ALARM! TRZEBA SIĘ BYŁO W OGÓLE NIE ODZYWAĆ! Parę razy kino z jakimś pacanem, a teraz zostanę ruda na zawsze. Ruda i łysa. Ten fartuszek fryzjerski jakby ciaśniej zaciska mi się na szyi.

– Powinienem się domyślić. Aż tylu rzeczy przez internet nie kupowaliśmy.

– A to przykra historia...

„PRZYKRA HISTORIA"? Czy ja mam w ogóle choć krztynę empatii?

– Teraz zostałem sam. Z synem. Sam go wychowam. Nie będzie żadna lafirynda mojego dziecka wychowywać.

RATUJ SIĘ, KOBIETO, POWIEDZ COŚ MIŁEGO!

– No tak, tak, pewnie, że tak...

To chyba było miłe, bo pan Andrzej w końcu wraca do tematu:

– Dużo obcinamy?

– Nie, nie, nie… – odpowiadam dyplomatycznie, choć w głowie krzyczę: **JEZU, NIEEE!** – Same końcówki – proszę.

– No tak, nie po to się tyle napracowałem, żeby teraz obcinać swoje dzieło. He, he.

ZAŚMIEJ SIĘ Z ŻARTU, ZAŚMIEJ.

– He, he – zaśmiewam się.

MATKO JEDYNA, WYCIĄGNIJ MNIE Z TEGO, A PRZYSIĘGAM, ŻE NIGDY, PRZENIGDY, W ŻYCIU Z ŻADNYM KURIEREM NIC!

Koniec! Voilà! Moje włosy są piękne! Od nasady ciemny blond, końcówki jaśniutkie. Wyglądają zupełnie tak samo jak zawsze, gdy wracam z wakacji. Żadnych rudych blondów. Przedziałek. W ogóle nie wyglądam, jakbym była u fryzjera. Hura! Hura! Hura!

– Ile płacę?

– Dwieście pięćdziesiąt.

Warto było.

EDY MASZ WŁASNĄ DZIAŁALNOŚĆ

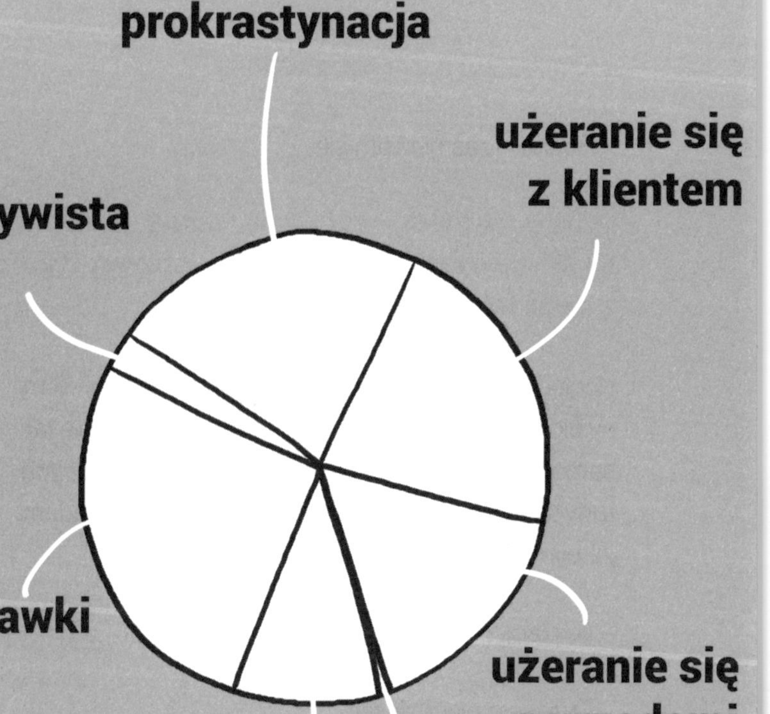

Jak nie zakładać firmy

Każda z nas ma jakąś Magdę. A jeśli nie ma, to znaczy, że potrzebuje. Magda to ta twoja Najlepsza Przyjaciółka. Ta pierdzielnięta nawet bardziej od ciebie, która dzwoni w środku nocy z bardzo ważną plotką albo wpada znienacka z pizzą i winem, kiedy jesteś chora (albo udajesz, że jesteś chora). Ja swoją Magdę poznałam w możliwie najbardziej absurdalny sposób. I myślę, że zawsze właśnie tak się je spotyka.

To było tak:

Magda pewnego dnia objawia się obok mojego biurka jako ten anioł z Dobrą Nowiną i rzecze te słowa:

– Cześć, jestem Magda, załóżmy spółkę.

Dobrze, że się przedstawiła, bo do tego momentu wiedziałam o niej jedynie tyle, że pracuje piętro niżej w dziale kreatywnym, ma kretyński kolczyk w wardze oraz wytatuowane na ramieniu niedorzeczne róże, które prawdopodobnie zasłaniają jeszcze bardziej niedorzeczny błąd z czasów młodości. Patrzę na nią jak ktoś, kto właśnie sumował tabelki w Excelu i mu przeszkodzono. Magda jest jednak kompletnie niezrażona.

– No bo ty jesteś taką trochę graficzką, co nie?

– Nie.

– Jesteś.

Naprawdę miałam nadzieję, że zniknie równie momentalnie, jak się pojawiła, jeżeli tylko będę wystarczająco oschła. Ale nie. Trzeba z nią rozmawiać najwyraźniej.

– Nie jestem, ja w Excelu robię. – Na poparcie swoich słów przekręcam monitor w jej stronę. – Zrobiłam tylko jeden baner dla was, jak wam kiedyś grafik zachorował.

– No o tym mówię właśnie! I teraz jest sprawa taka, że ja mam kontakty i gadane i jestem ta przebojowa, a ty jesteś taka bardziej, co siedzi, robi swoje i umie rzeczy, co nie?

Nie wiem, co powiedzieć, mój mózg nie nadąża za jej słowotokiem.

– No i totalnie zakładamy spółkę. Znaczy taką luźną współpracę na początek. Ja mam działalność, co nie, więc to będzie wszystko legitne, ten cały ZUS i faktury, a z tobą... – tutaj pochyla się nade mną i szepcze konspiracyjnym tonem: – Z tobą będę się rozliczać pod stołem, wiesz, o co chodzi.

– Ale... co niby będziemy robić?

– **PINIONDZE, DZIEWCZYNO!** Nic się nie martw, zadzwonię do ciebie! – Ostatnie słowa wykrzykuje już na korytarzu, bo pobiegła dalej, gnana przez siły niezrozumiałe dla zwykłych śmiertelników. Nawet nie zdążyłam jej powiedzieć, że nie ma mojego numeru.

Brak numeru w niczym jej nie przeszkodził. Zadzwoniła wieczorem i zalała mnie kolejnym słowotokiem, właśnie wtedy, kiedy ululana winem i ciasteczkami zamierzałam się kłaść spać (tak, grubo po północy). Okazuje się, że Magda ma ogromną bazę kontaktów, którą nabyła w nie do końca jasnych okolicznościach. I zamierza obdzwaniać te kontakty i oferować im nasze usługi. A nasze usługi to strony internetowe dla przysłowiowych Januszy, którzy nie znają się na internetach. I ja mam te strony niby robić.

Próbuję jej powiedzieć, że zrobiłam w życiu jedną stronę i była bardzo koślawa, ale przerywa mi kolejnym nawiedzonym bełkotem o docenianiu siebie i pozytywnym myśleniu. Po czym stwierdza, że właściwie to zwalnia się z pracy, żeby „ostro cisnąć nasz biznes". Bo tak na początek to ona planuje zarabiać jakieś dziesięć tysięcy miesięcznie, nie mniej.

– **CZY JESTEŚ GOTOWA NA TAKIE PIENIĄDZE?** – krzyczy do mnie nagle przez słuchawkę.

– Co – odpowiadam bez znaku zapytania w głosie, bo mnie trochę zatkało.

– **BO JAK NIE JESTEŚ GOTOWA, TO TO WSZYSTKO NIE MA SENSU** – kontynuuje tym samym tonem. – **PAMIĘTAJ, NAJWAŻNIEJSZE TO POZYTYWNE MYŚLENIE I KREOWANIE SUKCESU.**

– No dobrze, jestem gotowa.

– **WSPANIALE!** – ten ostatni okrzyk dzwoni mi w uszach jeszcze długo po tym, jak się rozłączyła.

Zaczynamy zatem zarabiać wielkie pieniądze. Ja się z pracy nie zwolniłam, więc zamierzam wykonywać te Magdowe zlecenia po godzinach. Jak się okaże, że nie wyrabiam, to pomyślimy, co dalej.

Dzień 1

Magda dzwoni do mnie w środku dnia i pyta: **„JAK TAM?"**. Odpowiadam, że nijak, siedzę w pracy. Magda odpowiada: **„WSPANIALE, SZYKUJ SIĘ NA ROBOTĘ WIECZOREM"**.

Dzień 2

Nie było żadnej roboty wieczorem. Dzwonię do Magdy z pytaniem: „Jak tam?”. Odpowiada mi, że wczoraj była zła aura na telefony, ale dzisiaj dzwoni od rana i już złapała grubą rybę na przynętę. Są umówieni na poważną rozmowę biznesową o dwudziestej.

Dzień 3

Wczorajsza gruba ryba okazała się tłustym knurem, który liczył na szybki numerek. Magda twierdzi, że to ja wykreowałam tę sytuację, bo zbyt sceptycznie podchodzę do interesu. Nie wiedziałam, że mam takie zdolności paranormalne.

Dzień 4

Dzwoni telefon.

– DZIEŃ DOBRY, MAGDA ANDRZEJEWICZ, FIRMA MAGDEX. CZY MYŚLAŁA PANI KIEDYŚ O ZAŁOŻENIU STRONY INTERNETOWEJ DLA SWOJEJ FIRMY? TAKA STRONA TO NIE TYLKO SWEGO RODZAJU WIZYTÓWKA, ALE RÓWNIEŻ...

– Magda! Popieprzyły ci się numery!

Rozłącza się bez słowa.

Dzień 5

– Mam zlecenie! – Głos Magdy w słuchawce brzmi, jakby właśnie odkryła sposób na to, jak się nażreć i nie przytyć. – Firma transportowa Wal-Trans! Powiedziałam właścicielowi, że będzie gotowe na jutro!

– Co będzie gotowe?

– Strona. Rób ją!

– Ale jak? Co? Z czym? Wyślij mi jakieś wytyczne, w ogóle nie wiem, o co chodzi!

– **ZRÓB TAK, ŻEBY BYŁO DOBRZE!** Ja dzwonię dalej, bo mam dziś dobrą passę.

Dzień 6

Dobra passa skończyła się po jednym Wal-Transie. Robiłam stronę do trzeciej w nocy. Rano się dowiedziałam, że klient jednak zrezygnował, bo żona mu zabroniła wydawania pieniędzy na głupoty. Magda powiedziała mu, że pójdzie do sądu. On jej powiedział, że proszę bardzo.

Dzień 7

Odbywamy naradę biznesową. U mnie w domu. Ustalamy, że „jest dobrze, ale musimy zmienić taktykę pozyskiwania zleceń". Nie wiedziałam, że w ogóle miałyśmy jakąś taktykę. Postanawiamy też, że „trzeba zacisnąć pasa, dopóki biznes się nie rozkręci", więc Magda zamieszka u mnie przez pewien czas. Nie jestem do końca pewna, na ile to są nasze wspólne ustalenia, ale to pewnie przez to, że już trzecia butelka wina leci.

Dzień 8

Magda cały dzień nie dzwoniła, bo leczyła kaca. Zaczyna mnie wkurzać.

Dzień 9

Telefon. Od razu wiem, od kogo.

– **WYMYŚLIŁAM KLIENTA IDEALNEGO!** Zgadnij, kto to!

– Nie wiem, twój stary?

– KSIĘDZE! NIE ZNAJĄ SIĘ NA INTERNETACH? NIE ZNAJĄ. MAJĄ HAJS? MAJĄ. INTERESUJĄ ICH FAKTURY I ROZLICZENIA? NIE. CO MOŻE BYĆ LEPSZE NIŻ TO?

– Święty spokój na przykład. Magda, ja tu w Excelu siedzę po uszy…

– OKEJ, SPOKO, DŁUB TAM SWOJE TABELECZKI, DZWONIĘ PO KSIĘDZACH.

Dzień 10

Magda złapała jednego księdza klienta. Co prawda wcale nie chciał strony, bo już jedną ma, ale napomknął coś, że inne parafie to mają wirtualne spacery po kościołach i on by też chciał coś takiego. Magda mu mówi, że nie ma sprawy. Ja jej mówię, że się na tym nie znam. Magda mówi, że się nie wyprowadzi, póki biznes nie wypali.

Dzień 11

Potrzeba matką wynalazków, a desperacja matką przyspieszonych kursów internetowych. Przez noc nauczyłam się kilku programów do obróbki zdjęć panoramicznych i tworzenia spacerów wirtualnych. Rano pożyczyłam aparat od Tomka z góry. Jestem zwarta i gotowa na sukces. I niewyspana.

Dzień 21

Trudno w to uwierzyć, ale udało nam się wykonać nasze pierwsze zlecenie. Zajęło to dziesięć dni, wliczając robienie zdjęć w kościele, obróbkę, kodowanie, skomplikowane dochodzenie w sprawie pod tytułem „Jakie ksiądz może mieć dane do logowania na serwer swojej strony, bo zapomniał, a musimy mu to tam wgrać?", następnie poprawki, czyli kolejne zdjęcia, obróbka, kodowanie oraz poprawki poprawek. Jestem wycieńczona. Magda też, chociaż nic nie robiła. Ale przynajmniej zapłacono nam uczciwie. Jeszcze jedno takie zlecenie i **PRAWIE NAM WYSTARCZY NA CZYNSZ**.

Dzień 22

Magda miała dzwonić po potencjalnych klientach, ale jest sobota, więc w sumie nie warto. Oglądamy *Przyjaciół* i pijemy wino. Najlepszy dzień od dawna.

Dzień 23

Miesiąc się kończy, a gdyby nie moja pensja, byłybyśmy srogo na minusie. Sugeruję Magdzie, że mogłaby się uśmiechnąć do szefa, póki wciąż nikogo na jej miejsce nie znaleźli. Magda się nie odzywa. Ogląda *Przyjaciół* z kamienną twarzą.

Dzień 24

Magda się uśmiechnęła do szefa, a że uśmiech ma udany i jeszcze lepszy dar przekonywania, to udało jej się wrócić do pracy. Co znaczy, że się ode mnie wyprowadzi! Nareszcie będzie spokój! Koniec tego pieprzonego pozytywnego myślenia i ezoterycznych sukcesów.

Dzień 25

Ale tu bez niej cicho.

Dzień 26

– Halo, Magda?

– No co tam chcesz, dziewczyno?

– Mam wino i szósty sezon *Przyjaciół* na płycie.

– Zaraz będę, tylko zasymuluję chorobę, bo dostałam dziś nadgodziny.

Jeśli kobieta warczy
i nie daje się przytulić, odejdź
na bezpieczną odległość
i rzucaj w nią czekoladą.

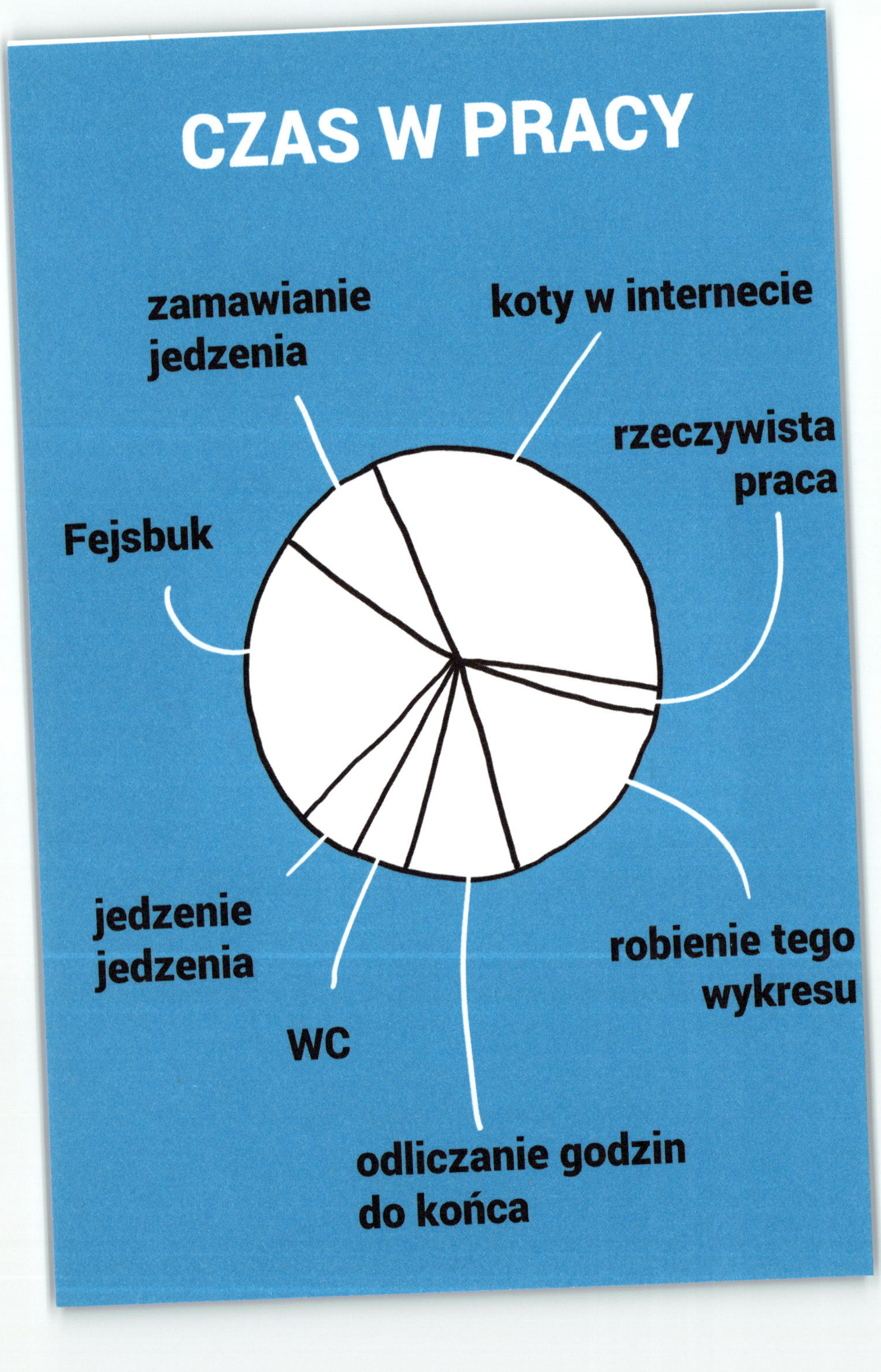
CZAS W PRACY
zamawianie jedzenia
koty w internecie
rzeczywista praca
Fejsbuk
jedzenie jedzenia
WC
odliczanie godzin do końca
robienie tego wykresu

Jak marnować czas w pracy

Praca w małej firmie ma swoje zalety. Przede wszystkim – luźną atmosferę. I nie mówię tu o tym, że nie trzeba się codziennie ubierać jak na pogrzeb. Mówię o tym, że poważny project manager ciągle mi podsyła gify ze śmiesznymi kotami, graficzka klnie jak szewc, a programista głośno beka, kiedy mu się zachce. To są właśnie idealne warunki, w jakich mogę pracować. Albo i nie.

Bo z drugiej strony taka atmosfera strasznie rozleniwia. Człowiek się czuje jak w akademiku, a nie w poważnej instytucji. Jakby tak podliczyć rzeczywisty czas pracy, to pewnie większość spędzam na głupotach (co by tłumaczyło, czemu jestem wiecznie do tyłu z moimi przeklętymi tabelkami w Excelu). Zresztą ostatnio postanowiłam to dokładnie policzyć. W Excelu, oczywiście. Wyglądało to mniej więcej tak:

9.30

Rzutem na taśmę wpadam do biura. Powinniśmy zaczynać pracę punkt dziewiąta. Jestem druga w firmie. Po pani sprzątaczce. Instaluję się przed moim kompem niespiesznie.

9.50

O, przyszedł programista. Co ja robiłam w tym czasie? Koty w internetach chyba oglądałam. Już ta godzina? Jak ten czas leci. Dobrze, zabierajmy się do pracy.

10.15

Zeszli się prawie wszyscy i jest strasznie głośno, bo każdy tłumaczy się ze spóźnienia, opowiada, jakie to korki na mieście, a pozostali w tym czasie kiwają ze zrozumieniem głowami. **NIE MOGĘ PRACOWAĆ W TAKICH WARUNKACH!** Idę sobie kawy zrobić.

10.45

Trochę mi zeszło, bo przy automacie spotkałam Magdę, i ona się zaręczyła, proszę-ja-ciebie! Musimy to obgadać jeszcze po pracy, bo teraz nie mam czasu, Excel czeka.

11.00

Wypełniłam ledwie jedną tabelkę i szef przyszedł. Dobry moment sobie upatrzył – siedzę tyłem do drzwi, więc od razu zobaczył, że ciężko pracuję. Nawet mnie pochwalił. Chyba zasłużyłam na przerwę.

11.15

Oho, na tapecie najlepszy temat pod tytułem: „Co dziś jemy na lunch i dlaczego tak drogo?". Spokojnie kolejnych czterdzieści minut w plecy.

12.15

Okazało się, że jemy to samo, co wczoraj, czyli burgery, więc nie wiem, nad czym debatowaliśmy przez ostatnią godzinę, ale było bardzo śmiesznie.

12.35

Jestem głodna. Nie mogę pracować, jak jestem głodna.

12.55

No gdzie te burgery, do diabła, przecież to tuż za rogiem, **CO ONI SIĘ TAM TAK OPIERDZIELAJĄ**?

13.15

Jest! Nareszcie! Omnomnomnomnom.

13.35

BOŻE, JAK SIĘ OBŻARŁAM. Nie mam siły pracować. Położyłabym się na kanapie w rogu i dychnęła chwilunię, ale szef łazi. Skąd on ma tyle energii? Pewnie go stać na zdrowe żarcie.

13.55

Tabelki są takie usypiające. Nie wiem, czy nie przysnęłam, ale nikt się nie śmieje, więc chyba nie.

14.00

Dobra, koniec tego przymulania. Pełna godzina, w sam raz, żeby wziąć się do **CIĘŻKIEJ HARÓWY**.

15.00

O, znowu pełna godzina. To może teraz się uda, bo jakoś tak się stało, że wpadłam w kompulsywne scrollowanie Fejsbuka i mi tamta godzina gdzieś umknęła.

15.30

Uff, szef wychodzi. Można sobie przerwę zrobić. Szkoda, że nie palę. Zapaliłabym.

16.00

JEZU, JUŻ SZESNASTA? JA W DUPIE Z ROBOTĄ JESTEM.

16.20

NIE PRZESZKADZAJCIE MI, MATOŁY, co mnie obchodzi wasza składanka śmiesznych filmików na YouTubie.

16.55

No dobra, niech im będzie, to było śmieszne.

17.20

Zrobiłam tabelki do połowy. Chyba się zbieram, bo nie chcę biura zamykać, a zostaliśmy tylko ja i jeszcze dwie osoby.

17.35

Wyszłam. Kolejny produktywny dzień na moim koncie. Burgerem mi się odbija.

Tak było wczoraj na przykład. Dzisiaj też niewiele wyszło z nadganiania w pracy, bo pół dnia ten tekst pisałam. Może jutro. Jutro się uda. Jutro będę pracownikiem miesiąca.

Albo chociaż dnia.

Wiecie, co jest najlepsze
w byciu na diecie?
Nic.

Jak ty sobie
radzisz z całym
tym **stresem**?

Ty naprawdę masz zamiar to zjeść?

Nie wiem, czego ludzie się spodziewają, zadając to pytanie. Czy ktoś kiedykolwiek odpowiedział:

– Och, nie! To pomyłka! Skąd tu się wzięła ta golonka?! Proszę to ode mnie zabrać! Myślałam, że to kotleciki z jarmużu i kalafiora!

Mam takie dziwne przeczucie, że nie.

W ogóle skąd tupet, żeby zadawać **DAMIE** takie pytania? Co to za maniery są? Wiecie, dlaczego kobiety na całym świecie rozkochały się w Christianie Greyu? Że bogaty? Że dobry w łóżku?

Tak i tak, ale nie tylko. Przede wszystkim on w tych książkach mówi do swojej ukochanej: „Jedz, Anastazjo!”. I to jak jej to mówi! Nie żadne tam: „Jakem biegła przez mosteczek, chwyciłam jeden listeczek”. Nic z tych rzeczy! On jej każe zjeść wszystko z talerza! I jeszcze wylizać do czysta. **ON JEJ GROZI, ŻE JAK NIE BĘDZIE ZJEDZONE, TO LANIE NA TYŁEK.** Och! Czy to nie brzmi bardziej pociągająco niż: „Ty naprawdę masz zamiar to zjeść”? **CZEMU DO MNIE NIKT NIE POWIE: „JEDZ, ANASTAZJO”?!**

Może dlatego, że nie mam na imię Anastazja.

Nie ma nic bardziej pracowitego
w domu niż facet
z poczuciem winy.

WIECZÓR W DOMU

WIECZÓR NA IMPREZIE

DOMÓWKA

Jak zorganizować domówkę – 15 prostych rad

1

Znajdź dogodny termin. Jeśli uważasz się za dorosłego człowieka, wybierz piątek lub sobotę. Jeśli jesteś dzieciakiem, możesz się bawić każdego dnia.

2

Kup alkohol.

3

Zaproś ludzi. Nie za dużo, nie za mało. Tak w sam raz. Licz się z tym, że ktoś nie przyjdzie, a ktoś inny kogoś przyprowadzi. Możesz wysłać zaproszenia. Najlepiej zrobić wydarzenie na Fejsie.

4

Impreza bez powodu przyciąga mniej ludzi. Jeśli go nie masz, to go zmyśl. W zależności od tego, jak dobrze znasz swoich gości, możesz im powiedzieć, że masz urodziny, imieniny, zmieniasz pracę, wylali cię z pracy, masz nowe mieszkanie lub świętujesz śmierć Joffreya Baratheona. Istnieją szanse, że skorzystasz, bo goście przyniosą prezenty (uwaga: raczej nie, jeśli świętujecie śmierć Joffreya).

5

Cały bałagan oraz wszystkie cenne rzeczy zanieś do jednego pokoju. Zamknij go na klucz. Klucz schowaj w lodówce, w pojemniku z jajami. Jeśli masz tylko jeden pokój i chcesz zorganizować imprezę, to… nie rób tego.

6

Kup alkohol.

7

Pomyśl o jedzeniu. Wrażenie obfitości wywołasz dzięki:

- kilku wielkim michom z chipsami;
- dużej ilości owoców ustawionych w majestatyczną kompozycję – znikną tylko winogrona, a reszta

będzie sprawiała wrażenie obecności jedzenia do rana;

- kolorowym koreczkom – najlepiej poprosić jakąś uczynną przyjaciółkę, żeby wpadła wcześniej i pomogła to nadziewać, bo przecież szlag człowieka może trafić;
- najlepszej na świecie przekąsce na ciepło: Suszone śliwki dzień wcześniej zalej czerwonym winem. Resztę wina wypij. Tuż przed imprezą każdą śliwkę owiń plasterkiem szynki lub boczku, przebij wykałaczką i wrzuć do rozgrzanego piekarnika na kilka minut.

Poza tym pamiętaj, żeby napomknąć gościom, że mogą coś przynieść do jedzenia. Na pewno to zrobią.

8

Zadbaj o strój. Jeśli robisz imprezę tematyczną w stylu lat sześćdziesiątych, nie licz na to, że się wykpisz starym T-shirtem i sianem na głowie jako dziecko kwiat. Z pewnością przyjdzie ktoś w kostiumie Audrey Hepburn ze *Śniadania u Tiffany'ego* i będzie ci głupio.

9

Powiedz zaproszonym, żeby do picia przynieśli to, co lubią.

10

Kup alkohol.

11

Zapewnij muzykę dopasowaną do gustów gości. Niekoniecznie to, czego słuchasz w wannie.

12

Baw się, śmiej, krąż między zaproszonymi. Pamiętaj, że musisz zachować na tyle trzeźwości i czujności, by móc interweniować w przypadku:

- nadejścia sąsiadów,
- wizyty policji lub straży miejskiej,
- rozpoczęcia rozmów na temat polityki,
- prób projekcji śmiesznych filmików z YouTube'a (to się NIGDY nie kończy na jednym, zawsze ktoś powie: „A to widzieliście?", i zamiast imprezować, będziecie siedzieć jak co wieczór i oglądać koty, które się boją ogórków).

13

Kiedy się obudzisz rano, sprawdź, czy wszyscy już sobie na pewno poszli. Wyproś ewentualnych zalegających po kątach.

14

Na kaca zrób jajecznicę.

15

Brawo! Udało ci się znaleźć klucz do pokoju z całym dobytkiem i bałaganem. Możesz wrócić do normalnego życia.

JEŚLI WIDZISZ,
ŻE BIEGNĘ, **TO UCIEKAJ**

BO PRAWDOPODOBNIE
KTOŚ MNIE GONI

Jak nie biegać

Pewnie macie biegających znajomych, co to wrzucają na Fejsbuka same motywujące cytaty?

„CELEM NIE JEST META, CELEM JEST SAM BIEG”.

Albo:

„DOBA MA 24 GODZINY. NAPRAWDĘ NIE ZNAJDZIESZ ANI JEDNEJ, ABY POBIEGAĆ?”.

Tego typu teksty. Nie znacie takich ludzi? Usuwacie ich z Fejsa na bieżąco? No i słusznie. Ja się boję usuwać znajomych. Bo potem spotkam takiego na ulicy i mnie będzie o to pytał. I co ja mu powiem? „Sorry, ale nie lubię zdrowych i aktywnych ludzi, staram się trzymać od nich z daleka"?

Dlatego mam Fejsbuka usianego takimi złotymi myślami i muszę je znosić. **„WCZORAJ MÓWIŁAŚ, ŻE JUTRO POBIEGASZ. NO TO DZIŚ JEST WŁAŚNIE JUTRO".** Nic takiego nie mówiłam! Czego oni chcą? Jak w ogóle można coś takiego planować z wyprzedzeniem? Jeśli już biegnę, to znaczy, że podjęłam tę decyzję przed chwilą i prawdopodobnie wiązała się ona z uciekającym autobusem.

„BIEGANIE JEST JAK NARKOTYK, JEŚLI ZACZNIESZ, TO JUŻ NIE PRZESTANIESZ". I co – to ich nie przeraża? To ma mnie zmotywować do czegoś? Zresztą to wszystko nieprawda. Kiedyś zaczęłam biegać. I przestałam. Można? Można. Dla chcącego nic trudnego.

To było jakoś tak:

Trzydziesta sekunda biegu: I co, tak przez godzinę mam truchtać? Całkiem spoko, tylko się pewnie znudzę.

Pierwsza minuta biegu: Coś mi zgrzyta w kolanie...

Druga minuta biegu: **BOŻE, DOBIJ MNIE, NIE CHCĘ JUŻ CIERPIEĆ**!

Że niby endorfiny się powinny uwalniać i szczęście człowieka zalewać. Najwyraźniej te endorfiny czekały z uwolnieniem, aż umrę. Chciały zatańczyć na moim grobie.

Bieganie to przereklamowana sprawa. Poza tym pewnie łatwo się biega, jak nie masz cycków i nie musisz co chwila robić przed nimi uników. W moim przypadku bieg to nie sport, to walka o życie. A jak majestatycznie muszę przy tym wyglądać! Jak obłąkany, piąty jeździec Apokalipsy. Przynajmniej ludzie od razu schodzili z drogi. Co tam ludzie! **SAMOCHODY ZJEŻDŻAŁY W POPŁOCHU NA POBOCZE.** A biegłam ledwie dwie minuty, przypomnijmy.

Ilekroć widzę biegaczy w parku, to mi ich szkoda. Zwłaszcza tych początkujących zawodników. Czerwonych, spoconych i krzywiących się przy każdym lewym stąpnięciu. Zagubieni Odyseusze z kabelkami od słuchawek chłostającymi ich po twarzach.

Tak, pewnie będą żyli dłużej. Tylko co to za życie, kiedy ciągle gnasz bez celu? Samym bieganiem jeszcze nikt do niczego nie doszedł. Nawet pierwszy maratończyk, przybiegłszy do Aten, padł jak długi. I martwy. I kto mi powie, że sport to zdrowie?

O, nowe powiadomienie na Fejsbuku. „Twoja znajoma udostępniła obrazek z napisem: **NAJLEPIEJ IŚĆ BIEGAĆ WCZEŚNIE RANO, ZANIM TWÓJ MÓZG POŁAPIE SIĘ, CO WYCZYNIASZ**". I w tle zdjęcie Forresta Gumpa.

Wszystko odwołuję. To nie są żadni zagubieni Odyseusze. To świry. A poza tym jakby obejrzeli *Forresta Gumpa* do końca, toby pamiętali, że tytułowy bohater na koniec powiedział: „Jestem zmęczony. Chyba pójdę do domu". I miał chłop rację.

Czekolada jest z kakaowca.
Kakaowiec to roślina.
Czyli czekolada to sałatka.

JA NA INSTAGRAMIE
JA W RZECZYWISTOŚCI

Fejm na Insta

Wszyscy teraz używają Instagrama. Z wyjątkiem mojej matki. I mnie. A poza tym to wszyscy. I jak ja przy nich wyglądam z tym moim zacofanym Fejsbukiem? Jak jakiś jaskiniowiec.

No to też postanowiłam spróbować, a co! Wszystko wydarzyło się bardzo szybko i bez mojego udziału. Instagram sam się zainstalował na moim biedasmartfonie, sam dodał znajomych do znajomych i sam zadecydował, co chcę oglądać. Witamy w przyszłości, panie. No dobra, scrolluję. Jakie ładne zdjęcia! Jak oni to robią? I wszyscy sprawiają wrażenie, jakby prowadzili bujne życie towarzyskie. Ta szusuje na nartach. Ten je sushi w drogiej restauracji. A ta znowu jest w Dubaju. Wszyscy bez wyjątku wyglądają jak celebryci. W dużej rozdzielczości i w milionie kolorów.

A ja znam tych ludzi przecież! Ta pierwsza wisi mi stówę. Tego drugiego widuję co wieczór pod monopolowym. A trzecia… No dobra, ona przynajmniej bogato wyszła za mąż, to niech jej będzie, że ten Dubaj to nie fotomontaż. Tak czy inaczej – żadne to wyzwanie. Każdy może być pięknym, elegancko wykadrowanym instagramerem z masą filtrów na twarzy. A jak każdy, to i ja.

Chyba najpopularniejsze są zdjęcia jedzenia. To nie będzie takie proste. Co ja mam wrzucić, **PARÓWKI BERLINKI**? A co mi tam! Ludzie wrzucają sałatkę, jarmuż i chię i udają, że to wykwintne. Wszystko jest kwestią **DOBREGO KADRU**.

PSTRYK! PSTRYK!

To wygląda jak ucięte penisy. Parówki odpadają. Poczekam do obiadu i wtedy sfotografuję jakieś bardziej fotogeniczne jedzenie. To będzie lepsze. Tylko kiedy ja ostatnio jadłam obiad, który nie był chińską zupką lub zamówioną pizzą? No już nie przesadzajmy, że przez durną apkę zacznę codziennie gotować. Ale co – do restauracji, kurde, pójdę? Sama? **ROBIĆ ZDJĘCIA SCHABOWYCH?** Boże, dlaczego wszystko jest takie skomplikowane?

Co oni tam jeszcze wrzucają? Zdjęcia z wakacji. Przecież nie będę teraz brać urlopu, żeby fotografować parawany we Władku. Sfotografuję coś na miejscu i otaguję #dzienjakcodzien. Wyglądam przez okno i szukam ładnego kadru. O, pod monopolowym stoi ten koleś, co na Instagramie udaje wytrawnego znawcę japońskiej kuchni.

PSTRYK! PSTRYK!

Jeszcze tylko tagi: #przyłapany #prawdziweoblicze #instagramwasoklamuje

Sto lajków.

Chyba mam nowe hobby.

SIŁOWNIA
UFF
PUFF
SMRÓD
Moje życie ma dużo **sensu**

Jak nie jeździć na rowerze

Ja to całkiem blisko pracy mieszkam, mogłabym to wykorzystać, tak sobie pomyślałam. A jak mi się zdarza pomyśleć, to nigdy z tego nic dobrego nie wynika. Tak było i tym razem.

Ładna pogoda ostatnio: ciepło, ale nie za ciepło, nie wieje, nie leje, więc po co ja się kiszę w komunikacji miejskiej? Rowerem bym pewnie nawet szybciej dojechała, bo na skróty. Do tego zrzuciłabym parę zbędnych kilosów. I zaoszczędziła na bilecie. Same korzyści, wszyscy wygrywają.

No tak, pewnym utrudnieniem może być fakt, że **NIE POSIADAM ROWERU**. Ale to jest szczegół.

Tomek z góry chyba ma i nie używa. Na pewno mi pożyczy, jak się do niego ładnie uśmiechnę. Albo przyjdę z flaszką i wtedy się ładnie uśmiechnę. **NA WSZYSTKO JEST SPOSÓB**, trzeba tylko chcieć. A jak już wspominałam, lepiej chcieć wiosną, póki pogoda dopisuje. Zimą się już nie chce chcieć.

Aha, okazało się, że Tomek już zdążył przepić ten rower. **ZACZYNAM SIĘ O NIEGO MARTWIĆ**, ale niech on mnie teraz nie rozprasza lepiej, jak ja tu próbuję wejść na nową, zdrową, sportową drogę życia. Pora na plan B. U nas w stolycy wprowadzili system wypożyczania rowerów publicznych. Przy ulicy stoją stacje z rowerami, podobno wrzucasz pieniążek i dostajesz rower. Potem go parkujesz na innej stacji i już. Proste i wygodne. I zdrowe! Jak byłam we Włoszech, kiedy miałam za dużo pieniędzy i mogłam sobie pozwolić na wakacje, to się dowiedziałam, że u nich ten system już dawno wprowadzili, ale się nie sprawdził, bo rowery zostały rozkradzione. A u nas stoją. Powiem więcej – mają się dobrze. Nie wiem, czy to burzy stereotyp Polaka złodzieja, czy raczej świadczy o tym, że jesteśmy zbyt leniwi na rowery.

Nieważne. Wlazłam na stronę wypożyczalni i w dziale „Jak to działa?" czytam, jak to działa. O, nawet lepiej: nie trzeba wrzucać pieniążka, wszystko się ogarnia apką na smartfonie. To znaczy, że będę musiała się pozbyć z mojego telefonu śmiesznych obrazków z kotami, które zawalają mi pamięć, ale dobrze – dawno powinnam to zrobić. Okej, zorganizowałam trochę wolnych przebiegów, apka zainstalowana, co dalej? Właśnie zdałam sobie sprawę, że nie jeździłam na rowerze od dzieciństwa. Powinnam mieć kask i żenujące obcisłe wdzianko? Mam nadzieję, że nie, bo obcisłe wdzianka odpadają na dzień dobry. Zresztą nawet jeśli, to co – dostanę mandat za to, że się niestosownie ubrałam? „Proszę pani, te spodnie niewystarczająco eksponują pośladki. Sto złotych". No, bez jaj. Jadę tak, jak stoję. No, może włosy zepnę.

Proces wydobycia roweru z **OBEJMY** (mocne słowo) przebiegł niespodziewanie sprawnie. Pierwsze dwadzieścia minut gratis. No to, rowerku, szykuj się na niezły rajd, bo zamierzam się zmieścić w tych dwudziestu minutach!

Zmieściłam się nawet w kwadransie. Już po pięciu minutach przypomniało mi się, dlaczego nie jeżdżę na rowerze. Cała jestem mokra, ubranie mi się lepi do ciała i jeszcze jakimś cudem udało mi się upierdzielić nogawkę smarem od łańcucha. Moje serce wali jak opętane, to na pewno zawał. Nie chcę umierać. Zrobiłam kółko i odstawiłam rower do **OBEJMY**. Niech go sobie obejmie. I nie oddaje.

Jeśli trzeci dzień z rzędu
nic ci się nie chce…
to znaczy, że dziś środa.

Halo, **policja**?
Żółw mi **ucieka** z domu
·I·E·N·D·S
Nie, nie mogę go sama zlapać
Bezradna jestem

Zwierzak na stres

Bo ja to się denerwuję za bardzo! Potrzebuję spokoju, złagodzenia obyczajów.

Podobno zwierzęta są dobre na te sprawy. Ale to jak zwykle – łatwo powiedzieć, a im głębiej drążysz temat, tym wyżej piętrzą się trudności. No bo pierwszy z brzegu, najbardziej oczywisty przykład to pies. Pies – wiadomo, psiuńcio kochany, najlepszy przyjaciel człowieka, radość i miłość w czystej postaci. Ale trzeba z nim wychodzić na spacery o nieludzkich porach. I gdzie ten spokój, jak ci dupa marznie o szóstej rano, kiedy czekasz, aż twój psiuńcio się łaskawie wy… próżni na chodnik, żebyś mogła zapakować niespodziankę w woreczek na odchodne?

Kot? Koty są mądre i pewnie nawet można im się wygadać, ale bywają też wredne, zrzucają rzeczy, sikają po kątach, drapią po twarzy i właściwie to lepiej je oglądać w internetach, niż być na nie skazaną na co dzień. Kanarki? Szanujmy się. Chomik? Taki pracowity, zapierdzielający w kółko w kółku? W sumie patrzenie, jak inni pracują, zawsze mnie relaksowało. Ale chyba bym się cały czas bała, że ta mysza mi zejdzie na zawał od tej bieganiny. Królik? Nie. Papuga? Jaszczurka? **ALIGATOR?**

TO NIE JEST PROSTE. Jeszcze nie mam zwierzaka, a już się zmęczyłam samym myśleniem.

Może rybki? Albo żółw? Żółw – to brzmi jak zwierzę dla mnie. Nie zawraca dupy, a nawet jeśli ma taki zamiar, to minie trochę czasu, zanim to zrobi, i może w międzyczasie zmienić zdanie. Je roślinki. Ma domek w pakiecie. A rybki jeszcze lepsze, nigdzie ze swojego domku nie wychodzą. Trzeba im tylko wodę zmieniać i dosypywać żarcia. I sobie pływają elegancko i są piękne.

Żółw czy rybki? Żółw czy rybki?

Pójdę do zoologicznego i zadecyduję na miejscu. Spontanicznie. Całkiem jak nie ja.

W zoologicznym dziwnie pachnie, a z półek zwisają podejrzane smycze i kagańce. Wygląda to jak sklep dla sado-maso. Ale rybki prezentują się na tym tle zupełnie niewinnie. Żółw obok też. Śpi sobie. I ma rację, już go lubię. Za to rybki piękne i dużo rodzajów…

Boże, decyzja! Żółw czy rybki? Żółw czy rybki?

Żółw.

Czy rybki?

Kupiłam rybki.

Wkurwiają mnie.

Dom jest tam, gdzie

możesz wyglądać brzydko.

Sprzątanie jeszcze nigdy
nikogo nie zabiło,
ale lepiej nie ryzykować.

A to jest mój **najlepszy przyjaciel**
Okno na świat moje

Jak nie odchodzić z Fejsbuka

Koniec, odchodzę z Fejsbuka.

To jest jakieś nieporozumienie, że wszyscy go używają, wiedząc, co robi. Nie wiecie, co robi? To ja wam powiem. Fejsbuk monitoruje wszystko, co piszecie, i na podstawie tego podsuwa wam reklamy. I nie mówię tu o tym, co piszecie na swoim publicznym wallu. Znaczy o tym też. Ale to jeszcze nic... **MÓWIĘ O PRYWATNYCH WIADOMOŚCIACH**. Na Messengerze. Z mamą. Czy kimkolwiek innym.

To już jest przegięcie i ja nie będę tego tolerować. Ludzie nie mieli Fejsa przez setki lat i jakoś żyli. Usuwam zakładkę z przeglądarki na laptopie. Wywalam apki Fejsbuka i Messengera z telefonu. Jeszcze tylko oficjalne obwieszczenie na wallu, żeby moi znajomi się nie niepokoili, i koniec.

„OBWIESZCZENIE

Odchodzę z Fejsbuka, bo ten drań mnie szpieguje. Znikam z radarów. Jak ktoś coś, to proszę dzwonić.

Pozdrawiam,
Pani Bukowa"

No i elegancko.

O, są już pierwsze lajki. I serduszka. I emotki „Ha ha". **JA WAM DAM „HA HA"! TO JEST POWAŻNA SPRAWA. CZY WY CZYTACIE COŚ W OGÓLE POZA FESJBUKIEM? WIECIE, JAK NAS SZPIEGUJĄ?** Ale nie, nie dam się sprowokować. Postawiłam kropkę i odeszłam. Teraz kulturalnie pójdę na spacer, bo ładna pogoda. Dokładnie tak, jak czynili to moi przodkowie przed wynalezieniem internetów.

Oho, komentarz. Magda.

„To jak ja mam ci podsyłać śmieszne obrazki w pracy? Na maila? :D".

Może być na maila, co mi szkodzi pakiet ze śmiesznymi kotami pomiędzy poważnymi sprawami firmowy...? Nie, no co ja robię, **DLACZEGO JA DO NIEJ PISZĘ?** Odeszłam z Fejsbuka, proszę mnie nie prowokować.

Nie odpisałam. Wyszłam.

Ale trochę tak głupio, wyślę jej SMS-a.

Odpisała, że pod moim wpisem rozpętała się gorąca dyskusja. **CZY WY, LUDZIE, NIE MACIE LEPSZYCH RZECZY DO ROBOTY?** Wyjdźcie na świeże powietrze, zobaczcie, jaka przyroda piękna. O, ptaszek kwili.

Nawet nie mam jak zobaczyć, co oni tam piszą, bo wywaliłam apkę. A, zaraz, mogę przez przeglądarkę przecież. Mogę? Nie mogę. Nie pamiętam hasła. Przypomnij hasło. O nie, teraz Fesjbuk będzie chciał, żebym rozpoznała moich znajomych. A ja mam mnóstwo ludzi, których dodałam tylko dlatego, że mnie zaprosili, a ja nie umiałam odmówić. Wiedziałam, że mój brak asertywności kiedyś mnie zabije.

Czy ja jestem poważna? Siedzę w parku na ławce, słońce przygrzewa, ptaszek kwili, a ja próbuję połączyć jakieś przypadkowe twarze z nazwiskami. To będzie jak rosyjska ruletka... Pomylę się raz, wszystko przepadnie. Cholera, słońce mi się odbija od wyświetlacza smartfona, nie wiem, na kogo patrzę... **CZY TEN PTASZEK MOŻE ZAMKNĄĆ DZIÓB? JA TU SIĘ SKUPIAM!** Dobra, udało się, Fejsbuk mi łaskawie uwierzył, że ja to ja. Gdzie ta konwersacja?

...

Okazało się, że rozmawiają pod moim wpisem o polityce, bo ktoś napisał niechcący słowo „PO" wielkimi literami i ktoś inny uznał to za jego przekonania w sprawie obecnej sytuacji w kraju. WARTO BYŁO. Ooo, ale za to ile smutnych emotek pod moim poważnym obwieszczeniem. Lubią mnie! Będą za mną tęsknić!

Idę do domu, ten ptaszek działa mi na nerwy. Po drodze kupię jakieś chipsy i obejrzę sobie film wieczorem.

Jak normalny człowiek, który nie jest niewolnikiem internetów.

Dzień się kończy. Właśnie się złapałam na tym, że sięgnęłam po telefon, żeby napisać na Fejsie, co będę oglądać. Ja to jednak potrzebuję psychiatry jakiegoś. Spokój! Odkładam ten zdradziecki kalkulatorek, przez który jeszcze niedawno mnie szpiegowali. Oglądam film. **RELAKSUJĘ SIĘ.**

Zdradziecki kalkulatorek dzwoni. Mama.

– Tak, mamo?

– No przecież piszę do ciebie w internecie od rana, co nie odpisujesz?

– Odeszłam z Fejsbuka, mamo. – Mój głos jest zaskakująco smutny.

– Jakie „odeszłam”? Weź ty się nie wygłupiaj, myślałam, że coś się stało.

– No bo się stało, to poważna decyzja, mamo. Odeszłam i już.

– To wróć tą samą drogą, co odeszłaś. Patrzcie ją, ona się przed własną matką schowa i nie będzie odpisywać. Już mi wracać do internetu!

– Tak, mamo.

A tam. Przed niektórymi sprawami i tak nie uciekniesz, pogódź się z tym.

Ale kiedyś jeszcze uda mi się obejrzeć jakiś film, zobaczycie. Albo nie zobaczycie. Bo wcale nie napiszę o tym na Fejsbuku. Wcale a wcale.

Jeśli nikt cię nie widział,
jak jesz czekoladę,
to się nie liczy.

JA WIECZOREM

Jak się nie wysypiać

Za radą internetów zmierzyłam sobie BMI. Trzeba masę ciała podzielić przez wzrost do kwadratu. Wyszło, że jestem za niska. No to dalej szukam, co zrobić, żeby sobie to BMI skurczyć. Znalazłam wyniki badań dr Knutson, która dowodzi, że zbyt krótki sen prowadzi do podwyższenia wskaźnika BMI. Czyli że powinnam spać więcej. W końcu jakieś zalecenia lekarskie, które rozumiem!

Zatem od dziś: żegnajcie, zarwane nocki! Kładę się do łóżka o dwudziestej drugiej i wstaję rano jak bogini – szczupła i piękna. Muszę więcej spać. Piękne w swej prostocie!

18.43

To jest jakaś niedorzeczność, żeby człowiek zmęczony po pracy jeszcze musiał zakupy robić i siaty targać. Boże, moje nogi! Usiąść! Odpocząć!

18.52

Ale jestem głodna! Ojojoj, nogi bolą! Kuchnia tak daleko! Gotować tak nie potrafię! Co robić? Co robić?

19.01

Damska decyzja: zamawiam pizzę. W międzyczasie szybki prysznic i piżamka. Potem kolacyjka i o dwudziestej drugiej będę spać jak aniołek.

19.44

Facet z pizzerii pytał, czy jestem chora. Wielokrotnie mnie widywał w piżamce w łosie, ale nigdy o tej porze. Ha, ha, ha. Śmieszek pierdzielony! Jakby sobie zmierzył własne BMI, toby mu wcale do śmiechu nie było.

20.13

Ale. Się. Obżarłam.

20.15

Łooo! Stary *Mad Max* na Polsacie! Potrwa jakieś półtorej godziny, więc w sam raz – film i do łóżeczka!

20.21

GDZIE JEST KORKOCIĄG?

22.00

Spoiler alert: *Mad Max* na Polsacie trwa dłużej niż półtorej godziny.

22.32

Z leciutką obsuwą ląduję w łóżeczku. Dobranoc, misie-pysie!

22.46

I co teraz? Owce mam liczyć czy co?

22.57

Spać, spać, spać! Musisz się wyspać! Być chuda i piękna!

23.01

Chyba nie należy łączyć cebuli z ananasem.

23.14

A pamiętasz, jak kiedyś w tramwaju chciałaś wyciągnąć chusteczki z torebki, ale zamiast tego złapałaś za tampony i wszystkie się rozsypały po podłodze?

23.20

KTO TAK DRZE MORDĘ NA PODWÓRKU?! No, naprawdę. Kulturalni ludzie próbują spać!

23.26

A co, jeśli nigdy nie znajdę faceta, który mnie będzie kochał taką, jaka jestem?

23.30

No, ludzie… Ciszej tam! Zaraz do was zejdę. Ja wam dam *Sto lat*!

23.43

Schodzę!

23.45

W piżamie? No dobra! Szlafrok tylko zarzucę. W końcu to oni są niekulturalni i to oni powinni się wstydzić!

3.14

He, he… Sztooo lat! Sztooo laaat! Niech szyje, szyje naaam! Widzimy się znów w piątek… na ławeszse.

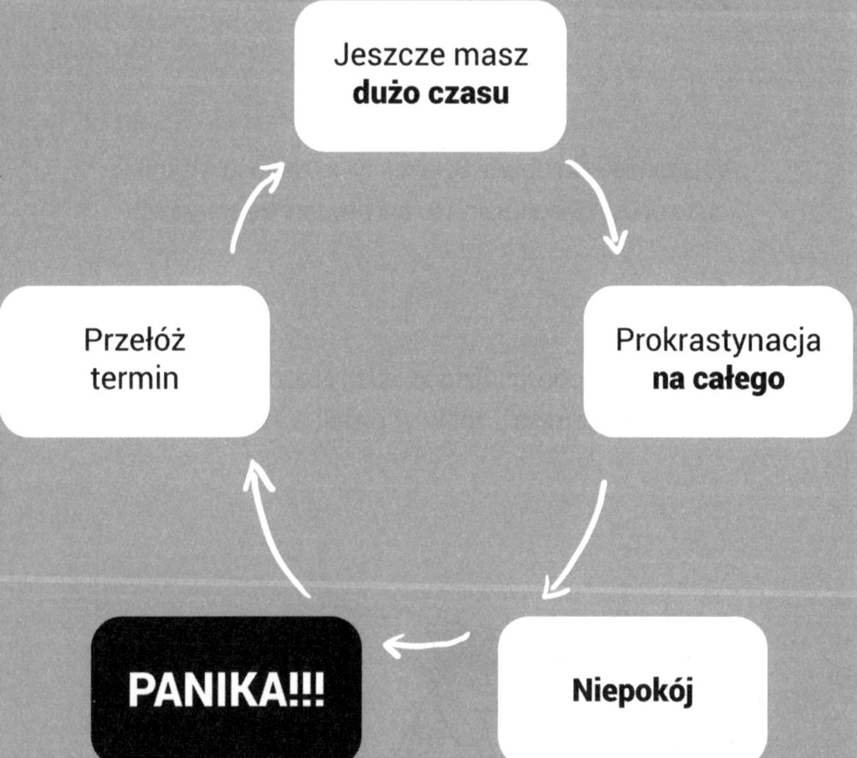
Jeszcze masz **dużo czasu**
Prokrastynacja **na całego**
Niepokój
PANIKA!!!
Przełóż termin

Jak pisać pracę dyplomową – 35 prostych rad

1

Najlepiej zacznij w sobotę rano – kiedy masz dużo czasu i optymizm aż unosi się w powietrzu. Dzień wcześniej nastaw budzik. Nie za wcześnie, żeby się wyspać, ale i nie za późno, żeby nie tracić ani chwili.

2

Rano pięć razy wciskaj na telefonie drzemkę i przeklinaj na czym świat stoi.

3

Zjedz pożywne śniadanie.

4

Odpal kompa i idź zrobić sobie kawę.

5

Wróciłaś, a Windows nadal myśli. Idź się wysikać zatem.

6

Wróciłaś, a Windows przestał myśleć. Miej nadzieję, że się nie zawiesił.

7

Nie zawiesił się. Możesz zaczynać.

8

Napisz tytuł podrozdziału.

9

Przez pół godziny wymyślaj krój pisma do tego tytułu.

10

Przypomnij sobie, że promotor i tak każe ci to zmienić.

11

Napisz pierwsze zdanie podrozdziału.

12

Przez pół godziny wymyślaj wielkość i krój pisma do tego zdania.

13

Przypomnij sobie to samo, co w punkcie 10.

14

Jesteś sfrustrowana, idź zrobić sobie kawę.

15

Wróć i włącz Fejsbuka, żeby zobaczyć, jak tam twoim znajomym ze studiów idzie.

16

O, śmieszne koty.

17

Wyłącz Fejsbuka po dwóch godzinach pysznej zabawy ze śmiesznymi kotami i gadania z koleżankami o tym, jak bardzo powinnyście pisać pracę, a nie piszecie.

18

Otwórz Worda ponownie. Masz tytuł podrozdziału i jedno zdanie.

19

Właściwie to zdanie jest bez sensu. Skasuj.

20

Jesteś sfrustrowana, idź zrobić sobie kawę.

21

Dojdź do wniosku, że dzisiaj nie masz weny. Zamiast tego spisz bibliografię. Zawsze to jakiś postęp, a nie trzeba za bardzo myśleć.

22

Zorientuj się, że zapomniałaś, jak się pisze bibliografię.

23

W związku z powyższym zacznij wertować notatki.

24

W twoich notatkach są tylko gryzmoły i koślawo narysowane śmieszne koty.

25

Jesteś sfrustrowana, idź zrobić sobie kawę.

26

Od kawy masz szczękościsk i trzęsą ci się ręce. Pobiegałabyś.

27

Właściwie dlaczego nie, sport to zdrowie, dawno nie biegałaś, może pora przewietrzyć szare komórki?

28

Wejdź na Fejsbuka, żeby powiedzieć koleżankom, że idziesz biegać.

29

Zostałaś wyśmiana. Co ty sobie myślałaś, przecież ty nie umiesz biegać.

30

Nie pij już więcej kawy, kretynko. Pisz pracę. Wieczór się zbliża.

31

Koleżanka napisała ci, jak powinna wyglądać bibliografia. Nareszcie jakiś punkt zaczepienia.

32

Napisz jedną pozycję bibliograficzną. Pokiwaj głową z uznaniem.

33

Zobacz, która to godzina! O tej porze już nikt normalny nie pracuje! Zamknij Worda.

34

Za tobą cały dzień ciężkiej pracy. Zasłużyłaś na kieliszek wina i może jakiś film.

35

Przed snem płacz w poduszkę, a potem obiecaj sobie, że jutro pójdzie ci lepiej.

Wszystko tak łatwo stracić,
z wyjątkiem wagi.

JAK POPRAWNIE TRENOWAĆ
W SOBOTĘ
1. Obudź się rano
2. Zrób skłon
3. Przeciągnij się
4. Śpij dalej, szczęśliwa

Trening w sobotę

Sobotnie poranki są najlepsze. Pobudka o 10. W prawą rąsię kawunia, w lewą talerzyk z croissantami i na kanapę! Pyk! Telewizja śniadaniowa. Dzień dobry na śniadanie. Witamy państwa i przedstawiamy naszych zmieniających się jak w kalejdoskopie gości. Co my tu dziś mamy? „Jak elegancko siadać?" „Przygotuj się na lato z trenerem Jackiem". „Jak poradzić sobie z wypadniętym dyskiem?" „Jak dobrać doniczki do roślin?" Uuu, brzmi obiecująco. Ledwie elegancko klapnęłam na kanapę, a tu już wpada trener Jacek.

– Dobra energia! Jedziemy!

Mrau, niezły ma ten kaloryferek. Pojechałabym sobie gdzieś z nim, nie powiem. Ła! Gorąca ta kawa!

– Pamiętaj, oddech głęboki.

Dobrze, trenerze Jacku.

– Kolana nad stopami, całe stopy na podłodze.

Nic prostszego, proszę trenera. Mogę tak godzinami. Dobra, drugi croissant wjeżdża na stację.

– Raz, dwa, trzy, góra!

Hm... Trochę się zapchałam tym pierwszym, ale ten jest z czekolaaadą...

– Dasz radę, dasz radę!

Skoro tak mówisz, trenerze.

– Świetnie ci idzie!

Matko, jak to się lepi!

– Jeszcze troszeczkę, nie przestawaj! Dasz radę!

Pewnie, że dam radę!

– Super! Łapiemy oddech i pracujemy nad brzuchem!

Och, panie trenerze! Ja nad brzuchem pracuję całe życie!

FREELANCE
JAK TO SOBIE WYOBRAŻASZ
JAK TO NAPRAWDĘ WYGLĄDA
GARB

Jak nie być freelancerem

Próbowałam kiedyś pracy zdalnej. Myślałam, że Pana Boga za nogi złapałam. Wyobrażacie to sobie? Elastyczne godziny pracy, żadnego szefa nad głową, przerwy, kiedy tylko zechcę, a co najlepsze, nikt mnie nie widzi, więc **NIE MUSZĘ WYGLĄDAĆ**. Faceci to nawet nie wiedzą, ile dziennie kobiety marnują czasu, żeby wyglądać.

Poniżej prezentuję moje szalone przygody z tego okresu.

Dzień 1

Ale było super. Budzik mnie rano chciał sprowokować do brzydkich słów mówienia, a ja do niego: „A takiego,

Budziku, nie dam się sprowokować, nigdzie nie wstaję, bo nie muszę, pośpię sobie jeszcze pół godzinki". Dzień mi upłynął na szeroko pojętym „ogarnianiu pracy". Że tak na spokojnie zapoznam się z tematem, odpiszę na maile, jak czegoś nie wiem, to sobie wygooglam. Co za wygoda, co za brak stresu! W takich warunkach to ja od razu będę lepszym pracownikiem. Za dużo to nie zrobiłam, bo jak skończyłam z mailami, to potem już, prawdę mówiąc, siedziałam na YouTubie, no ale **SPOKOJNIE**, do wszystkiego dojdziemy.

Dzień 2

To jest takie wspaniałe, że nie muszę się malować ani nic. Co nie znaczy, że nie wychodzę – do sklepu po bułki na przykład. Nie można tak siedzieć cały dzień samemu w domu, bo się zdziczeje. Dzisiaj co prawda zamówiłam po prostu pizzę, bo strasznie lało, ale ogólnie rzecz biorąc, to mam postanowienie, żeby wychodzić trochę.

Dzień 3

Szef dziś mi wysłał wiadomość, żebym mu zdała raport, jak mi idzie. Ja jestem strasznie wolna w pisaniu maili, zwłaszcza służbowych, bo każde słowo ważę, poprawiam po sto razy, zupełnie jakbym co najmniej *Sonety krymskie* pisała. A wiecie, jak to długo trwa, jak jeszcze musicie wszystko zmyślać? Cały dzień prawie. Musiałam sobie pod wieczór wino otworzyć, tak się zestresowałam.

Dzień 4

Dzisiaj wstałam równo z budzikiem, bo jednak nie ma co się wygłupiać, muszę nadgonić robotę. Żadnego wychodzenia, żadnych przerw, odwalę, co trzeba, i będę na bieżąco. Pizzę, oczywiście, zamówiłam, żeby nie umrzeć z głodu, bo w lodówce pustki. Mogę ogłosić **POŁOWICZNY SUKCES**. To znaczy: tak – nigdzie nie wychodziłam, tak – zjadłam pizzę, tak – nadal jestem w plecy z robotą.

Dzień 5

Tonę w Excelu. Zamierzałam siedzieć nad tym do późnej nocy, ale w międzyczasie się zorientowałam, że i tak tego dziś nie skończę, więc nie ma za bardzo sensu się spieszyć. Zrobię wszystko **NA SPOKOJNIE** w weekend, żeby było gotowe na poniedziałek. Czyli co? Mogę dziś w sumie wcześniej skończyć i zaznać piątku jak człowiek. Może gdzieś wyskoczę na balety się trochę rozerwać? Ale to bym się musiała ubrać, umalować... Dawno tego nie robiłam. Chyba jednak pizza, wino i film. Tak.

Dzień 6

Łeb mnie napierdziela dzień cały, chyba przesadziłam z tym winem. Cyferki w Excelu na mnie krzyczą. Co to w ogóle za skandal, **ŻEBY CZŁOWIEK MUSIAŁ PRACOWAĆ W DZIEŃ WOLNY OD PRACY**. Magda dzwoniła z pytaniem, czy wszystko ze mną okej, bo mnie dawno nie widziała. Jak tak patrzę w lustro, to sama nie wiem, co powiedzieć. Ale przynajmniej PRAWIE skończyłam robotę. Jutro rano jeszcze raz wszystko sprawdzę i wyślę szefowi. Będzie wyglądało, że jestem pracowita, bo myślę o pracy nawet w niedzielę. O! I pójdę sobie do parku zaczerpnąć świeżego powietrza, zrobię zakupy jak człowiek i może w końcu zjem normalny obiad.

Dzień 7

Nie wiem, jak to się stało, ale znowu żarłam pizzę i nigdzie nie wyszłam. Cały dzień przekładałam to sprawdzanie tabelek i nagle się okazało, że mnie noc zastała. Moja babcia zawsze mi mówiła, że mnie noc zastanie. Miała rację.

Dzień 13

Jestem na ty z facetem od pizzy.

Dzień 19

Śniły mi się tabelki. Że z nimi rozmawiam i one pytają, co tam u mnie, bo dawno się nie odzywałam. Potem pół dnia czytałam w necie o psychiatrach w moim mieście. Strasznie dużo biorą za wizytę. Poza tym musiałabym się ubrać, umalować…

Dzień 24

Złapałam się na tym, że rano już nie tylko mówię do mojego Budzika: „Budziku, daj spokój, jeszcze pół godzinki", ale wdaję się z nim w zażyłą rozmowę. Narysowałam mu oczy i buźkę, żeby wiedzieć, gdzie ma twarz. Czasem mi się zdaje, że mi odpowiada.

Dzień 33

Facet od pizzy wyraźnie do mnie zarywa. Co jest o tyle dziwne, że zawsze, kiedy mnie widzi, jestem nieumalowana, w szlafroku i często na niezłym kacu. Może to właśnie ta wielka miłość, ten jedyny, który będzie mnie kochał taką, jaka jestem? Pewnie nigdy się nie dowiemy, bo już nie pamiętam, jak się rozmawia z ludźmi.

Dzień 36

Powinnam tu posprzątać. Albo chociaż te pudła po pizzy wynieść, bo mi blokują drogę do łazienki. Za to szef mnie mailowo pochwalił, że dobra robota z tymi tabelkami. No ja myślę, że dobra. Ja z nimi rozmawiam codziennie, dbam o nie. To moje najlepsze przyjaciółki i powierniczki.

Dzień 39

Coś dziwnego mi wyskoczyło na plecach, więc chcąc sprawdzić, co to, przez pół dnia czytałam o nowotworach na Wikipedii. Nigdy nie popełniajcie tego błędu. Wikipedia jeszcze nigdy nikogo nie wyleczyła, za to na pewno tysiące ludzi wpędziła w depresję. Ciekawe, czy ktoś by się zorientował, gdybym tu umarła. Pewnie facet od pizzy tylko.

Dzień 48

Jestem tak bardzo w dupie z robotą, że już nawet światło nie dochodzi. Albo to przez te rolety, które mam ciągle zasunięte, ale inaczej słońce mi świeci w monitor i nic nie widzę. Czuję się jak w jakiejś jaskini na odludziu. Tylko ja i moje tabelki. No i Wikipedia. Wiedzieliście, że nie można łączyć pomidora z białym serem, bo się wtedy coś strasznie złego dzieje z kośćmi? Muszę skończyć z czytaniem Wikipedii. I muszę tu posprzątać. Wiele rzeczy muszę, a im więcej muszę, tym bardziej ich nie robię.

Dzień 51

Zrobiłam listę rzeczy, które koniecznie muszę zrobić, żeby wrócić do **NORMALNEGO ŻYCIA**. Jest tak długa, że samo pisanie zajęło mi pół dnia. Drugie pół cierpiałam z powodu tej listy. Może trzeba było jej w ogóle nie robić. Budzik też tak twierdzi.

Dzień 54

Facet od pizzy chce się ze mną umówić! W panice odpowiedziałam, że jestem teraz strasznie zapracowana – co jest prawdą – i że dam mu znać, jak tylko sytuacja się poprawi. Nie wiem, co mam robić. Może zmienię pizzerię. A może do niego oddzwonię. **PRZECIEŻ MUSZĘ KIEDYŚ WYJŚĆ DO LUDZI.** Tylko że wtedy bym się musiała ubrać, umalować…

Dzień 55

Budzik się do mnie nie odzywa, chyba go czymś uraziłam, ale nie wiem czym. Może jest zazdrosny o tego faceta od pizzy? Nie dzwoni rano, a ten jego namalowany uśmiech wygląda bardziej jak niechętny grymas. **BOŻE, POTRZEBUJĘ POMOCY SPECJALISTY. SERIO.**

Dzień 69 (Epilog)

Koniec. Wróciłam do pracy stacjonarnej. Nie było łatwo, bo ludzie mnie przerażają i chyba mam światłowstręt. Ale pani doktor powiedziała, że albo to, albo kaftan i pokój bez klamek. Pozbyłam się też Budzika.

Znaczy, nie zabiłam go, tylko oddałam w dobre ręce. Pozostajemy w koleżeńskich stosunkach. Wieczorem widzę się z moim facetem od pizzy, więc się ubrałam i umalowałam. Schudłam też już trzy kilo, odkąd nie jem śmieciowego żarcia. Za to w nocy wciąż mi się śnią tabelki. Ale jestem dobrej myśli.

Kreatywność polega na tym,
że najpierw robisz awanturę,
a powód znajdujesz w trakcie.

W związku ostatnie zdanie zawsze należy do faceta i brzmi: **dobrze, kochanie**.

Szybciej!
Już jestem **spóźniona**!
Ufff...
Zdążyłam

Jak się spieszyć i z niczym nie zdążyć

Moje koleżanki twierdzą, że one jakimś cudem rano uwijają się ze wszystkim w pół godziny i migusiem wychodzą do pracy. Jak one to robią? Pół godziny to mi schodzi na samym wciskaniu drzemki w budziku telefonu.

Jaka to oszczędność czasu musi być! Skoro nie trzeba na tym spędzać w porywach trzech godzin, to ja jestem bardzo na tak! Ja ten czas mądrze spożytkuję (na dłuższe spanie). To znakomity pomysł jest. Skompresuję sobie czas wychodzenia do pracy do minimum.

Pomyślmy. Załóżmy, że wstaję z pierwszym dzwonkiem budzika. Okej, to nie jest realne. Ten budzik musiałby umieć wywalać łóżko do góry nogami, a i tak myślę, że bym dała radę spać dalej. No to powiedzmy, że zerwę się za dru... za czwartym razem. Nie, to wychodzi ponad dwadzieścia minut później... Chyba że **ZAGĘSZCZĘ DRZEMKI**. Tak, oszukam własny mózg! Ustawię sobie alarmy co minutę i będę myślała, że wstaję po czwartym i już się wyspałam. **GENIALNE**.

No to cztery minuty na pobudkę. Co dalej? **NIE WŁĄCZAĆ TELEWIZJI ANI INTERNETÓW.** To na pewno mi da godzinę z hakiem. Od razu: myk – do łazienki, oko podmalować, prysznic można wziąć wieczorem, przed spaniem. I na śniadanko. Jakieś łatwe, szybkie śniadanko, pożywne płatki na mleku czy coś. Kanapka. Albo dwie. Ale żadna uczta, **NIE ROZSTAWIAĆ SOBIE PÓŁMISKÓW OBFICIE ZAWALONYCH ŻARCIEM**.

Okej. Pobudka plus oko podmalować, plus łatwe śniadanie... to daje maksymalnie dwadzieścia dziewięć minut. Da się. Trzeba tylko chcieć. I zachować przytomność umysłu. Słyszałam kiedyś w radiu o gościu, który przez taki pośpiech wyszedł w spodniach od piżamy i ludzie na niego dziwnie patrzyli. **PAMIĘTAĆ,**

ŻEBY PRZEBRAĆ SIĘ ZE SPODNI OD PIŻAMY. To najważniejsze.

7.30

PI-BIP, PI-BIP, PI-BIP

Jakiś nieludzki hałas, co się dzieje? Jeszcze przed chwilą realizowałam swoje najbardziej perwersyjne fantaz… A, to ten durny budzik się wydurnia. Śpij, baranie. *drzemka*

7.31

PI-BIP, PI-BIP, PI-BIP

Znowu? Czego chcesz, do cholery? Nie zdążyłam nawet oczu zamknąć. Spać! *drzemka*

7.32

PI-BIP, PI-BIP, PI-BIP

Wypierdzielę go za okno, przysięgam. O co mu chodzi, co on tam do mnie mówi w ogóle? Ja nie rozumiem po polsku o tej porze.

7.37

Chwilę mi zajęło ogarnięcie, że oto jestem w trakcie realizacji mojego genialnego planu wprowadzenia szybkiego, skompresowanego poranka. Ten plan wydawał się o wiele bardziej genialny wczoraj wieczorem. Dobra! Nie ma czasu na myślenie! Dam radę. Pędzę do łazienki jak oparzona. Najpierw podstawowa toaleta, potem szybki makijaż. **JEZUS MARIA.** Nie powinnam na siebie patrzeć w lustrze o tej porze. Mało zawału nie dostałam. Makijaż tu nic nie da, tu trzeba chirurga plastycznego.

7.49

No co, przecież nie będę ludzi straszyć tym spojrzeniem sponiewieranej alkoholiczki na ostrym kacu. Musiałam to zatuszować. Dobra. Mam jeszcze dziesięć minut. Wsunę jakąś bułę i się przebiorę. Albo najpierw się przebiorę. Pamiętać o facecie z radia, który wyszedł w spodniach od piżamy! **PAMIĘTAĆ!** Przytomność umysłu.

7.58

Okej. Zjadłam bułę, drugą wzięłam na drogę. Oko podmalowane. Spodnie mam na tyłku. Wszystko się udało i jestem gotowa minutę przed planowanym czasem! I co? Można? Można. Wychodzę! Wyszłam.

9.02

Wróciłam do domu. Dziś sobota.

Szczęście – definicja:

Wino, czekoladki,
wygodne spodnie
i brak stanika.

Kobiety wcale nie są skomplikowane. Po prostu „nie" znaczy „nie", „tak" znaczy „tak", „tak" znaczy „może, ale niekoniecznie" i „nie" znaczy **„niekoniecznie, ale może"**.

SMS? Kto w dzisiejszych czasach wysyła SMS-y?
WYDAJE CI SIĘ, ŻE WSZYSCY NA OKOŁO WYSYŁAJĄ SMS-Y? NIE ZWLEKAJ! BĄDŹ NA CZASIE! AKTYWUJ USŁUGĘ DARMOWYCH SMS-ÓW PRZEZ CAŁY MIESIĄC (POTEM 3,79 PLN DZIENNIE). ŚLIJ KOD AKTYWUJ NA NUMER 666!
Aha

Jak nie wysyłać SMS-ów

Kruchość. Przemijanie. Ulotność. Nigdy nie wiemy, kiedy robimy coś po raz ostatni. W jednej chwili oglądasz na smartfonie filmik z typowym kotem, który walczy ze sznurkiem, w drugiej widzisz ekran roztrzaskany na miliardy lepkich szkiełek. I nie wiadomo, kiedy to się zdarzyło. No plasnął po prostu na chodnik. Zawsze się spodziewałam, że to będzie jakaś piękna eksplozja, a przynajmniej brzdęk jak przy wybijaniu okna na filmach. A tu tylko **PLASK!** I po wszystkim.

No dobra. I tak należał mi się nowy.

Byłam w jakimś salonie jakiegoś operatora i podpisałam jakieś rzeczy. Obawiam się, że teraz nawet śmierć nas nie rozłączy. Ale jaki mam telefonik śliczniusi. Ho, ho, ho. Jaki cacany!

Nie mam w nim żadnych kontaktów. Hm… Mogłam pomyśleć zawczasu, ale kto planuje zgon smartfona? Hm… hm… hm… Może się da jakoś dane odzyskać jeszcze… Dobra, nieważne, gdzie te koty?

O, SMS. Od matki. Numer do niej akurat znam na pamięć. Do matki i do pizzerii.

„Halinka mowi, ze Marcinkowi sie tak dobrze powodzi. Z Tajlandii dopiero co wrocil. Moglabys sie odezwac. Halinka mowi, ze znalazlby ci porzadna prace".

Ha! Marcinek mój pryszczaty. Żadna nie chciała z nim iść na studniówkę. Żadna. Aż nasze matki się zgadały i wtedy wkroczyłam ja! Miało się te piętnaście kilo mniej, nieprzyzwoitą kieckę i aurę studentki. Ja nigdy nie odmawiam darmowej wyżerki, a Marcinek zapunktował u kumpli. Ha, ha! Chociaż przyznam po cichu, że też nie podejrzewałam, że z Marcinka taki Pan Prezes wyrośnie. Wisi mi przysługę jak nic. No i czemuż by nie miał mnie zatrudnić? Nadal mam nieprzyzwoite kiecki.

I aurę.

Odpisuję: „Okej. Zrobię mu znów tę łaskę. Może się uda. Ale nie mam jego numeru”.

Nooo. Dawać ten numer! Co ta matka nie odpisuje? Działa toto?

Piszę jeszcze raz: „Mamo! Masz ten numer?”.

Matka przysyła SMS-a: „Kochanie, nie powinnas tego robic”.

Ale czego? Dzwonić? Przecież ona chciała, żebym… Zaraz, zaraz, chwilunia. Co ja tam napisałam?

LASKE?! Nie pisałam „laske”, tylko „łaskę”! No co ten słownik?!

„Mamo! Łaskę mu zrobię! **ŁASKĘ!!!**”.

Co ty, durny telefonie?! Co ty mi tu?! Znów mi zmienił! Gdzie to się przestawia? Czemu do tych podstępnych urządzeń już nikt nie daje instrukcji? Chwila, chwila. Chyba to. Pyk, cyk. I elegancko, mam polskie znaki.

„Mamo! Nie laskę! Łaskę! W sensie przysługę. Przyjemność mu sprawię".

Nie no! Znów poszło bez polskich.

„Mamo! Odbiór".

„Sa rzeczy, o ktorych twoja matka woli nie wiedziec. Ech! Gdzie te czasy, kiedy moglam cie po prostu wyslac do kata?".

Tak. Ja wysłałabym do kata tego, kto mi tu polskie znaki wyłączył.

Najgorzej. Kiedy postanowiłaś
nie odbierać od niego telefonów,
a on wcale nie dzwoni.

ROZMOWNOŚĆ

GADATLIWOŚĆ

PRZECIEK INFORMACJI

Kiedy nawet piwo staje się poważną sprawą

Ja to raczej z facetami pijam. Z moimi koleżankami to owszem, fajnie pójść na zakupy lub na kawusię od czasu do czasu, żeby obgadać tych, co im się należy. Albo do klubu na balety z Magdą. Ale jak jest taka parapetówa typowo kobieca, to wymiękam, bo zasadniczo ma ona dwa scenariusze. Albo żadna nic nie pije, bo coś tam, bo dieta, bo dzieci, bo: „jestem samochodem", bo: „ojejku, jakie mocne, nie masz może karmi?". Albo gorzej – wszystkie piją **BARDZO**, bo jedna się rozstała z facetem, więc trzeba kolektywnie być smutnym i się upić do nieprzytomności. No znakomita rozrywka.

A z moimi kumplami to konkretnie, piwo, jak Pan Bóg przykazał, albo ewentualnie wino (znaczy ja wino, bo oni nie wiedzą za bardzo, co się robi z kieliszkiem). I można gadać o głupotach. A to filmy dla nerdów (wszyscy kochamy *Gwiezdne wojny*), a to polityka (zawsze się znajdzie jeden z przeciwnego obozu i się potem przekrzykują, który rząd więcej nakradł – to jest bardzo super), a to sport (żadne z nas nie uprawia, ale wszyscy jesteśmy ekspertami, zwłaszcza w kwestii skoków narciarskich), a to w końcu rozważania filozoficzne (na przykład: „Skoro Bóg stworzył świat i widział, że jest dobry, to po jaką cholerę stworzył też komary?"). Zawsze jest bardzo śmiesznie i nie ma żadnych szlochów bez sensu. A przede wszystkim – nikt nie narzeka na spożywane trunki. A przynajmniej tak było do czasu.

Nie wiem, kiedy zaczęła się moda na piwo kraftowe. W pewnym momencie chyba coś poszło nie tak albo na moich kumpli ktoś rzucił jakiś hipsterski urok, bo z wesołych, rumianych fanów perły export zmienili się w zblazowanych brodaczy, którzy w rozmowie używają takich szyfrów jak IBU, APA czy inna IPA. Czy IPA to nie jest jakaś organizacja terrorystyczna przypadkiem? Bym ich spytała, ale o polityce zagranicznej też już nie gadają. Tylko o goryczce, fermentacji i otwartej kadzi. Nagle wizja sączenia karmi z przyjaciółkami i gadania o tym, jacy faceci są popieprzeni, wydała mi się bardzo atrakcyjna.

No ale co ja, nieboga, przecież nie będę teraz szukać nowych kumpli tylko dlatego, że tym starym odbiło. Jak z kimś przestajesz, to musisz krakać tak jak wrony, czy jak to się tam mówiło. Brody nie zapuszczę (dzięki Bogu), w koszuli w kratę mi nie do twarzy, ale w tych ich fikuśnych piwach na pewno jestem w stanie się rozeznać, żeby nie być do tyłu i móc z nimi jeszcze w ogóle rozmawiać. No bo jak ja wyglądam z moją łomżą, podczas gdy oni popijają **GĘSTEGO STOUTA Z DOLNEJ NADRENII TYSIĄC PIŃCET IBU** albo **KAZACHSKIEGO PILSA METACHMIELONE JASNE PEŁNE W SCHŁODZONYM KUFLU**.

Poszliśmy ostatnio do takiego jednego lokalu typowo beergeekowego. Bo tak się mówi teraz. Nie pijak, nie chlejus, tylko **BEERGEEK**. Niesamowite, z czego można zrobić modę. Czy jak kocham spać, to mogę już się tytułować „sleepgeekiem"? No nieważne. Stoję w kolejce do baru i myślę, co zamówić. „Nagły Atak Chmielu", „Nuklearny Aligator" czy może raczej

„Płochliwa Śliwa"? Za moich czasów tak się nazywały tanie jabole, a nie drogie piwa dla znawców. **JEZU, MOJA KOLEJ.**

– P-poproszę piwo… **APA**?

– Ho, ho, ale jakie **APA**? Bardziej w stylu „Snu Kormorana" czy „Goryczki Sobotniej Nocy"?

SZYBKO, POWIEDZ COKOLWIEK, ZANIM ZACZNIE MÓWIĆ DO CIEBIE JESZCZE DZIWNIEJSZYMI TERMINAMI.

– Goryczka, tak.

– Proszę bardzo. Szesnaście złotych.

CO?

Nawet się nie łudzę, że to jest warte takiej ceny, ale mam nadzieję, że jest chociaż pijalne. Moi kumple patrzą na moją kolorową butelkę z uznaniem. Zapunktowałam. Nalewam po ściance, bo tak trzeba. Przynajmniej taką mam nadzieję. Pachnie cytrusami. I tak smakuje. Jak piwo z sokiem. **HALO, CZY COŚ**

MI UMKNĘŁO? OD KIEDY PICIE PIWA Z SOKIEM JUŻ NIE JEST OBIEKTEM DRWIN I POLITOWANIA?

Cholera, chyba to ostatnie pytanie powiedziałam na głos, bo Tomek właśnie daje mi rozbudowany wykład o piwach górnej fermentacji. Piję w milczeniu. I bardzo powoli. Nie chcę stąd wyjść spłukana. W drugiej kolejce zamawiam jakiś stout o nazwie zbyt długiej, by spamiętać. Jest ciemny, pachnie kawą i wygląda jak spieniona coca-cola. **TO MIEJSCE JEST DZIWNE.** Tęsknię za swoją łomżą. Leci trzecie piwo, a z nim moje ostatnie pieniądze. Jakiś pils w zielonej butelce z narysowanym pawianem. Trochę też pachnie pawianem, prawdę mówiąc. Mlaskam z miną znawcy. No co ja mogę powiedzieć o tym napoju? Piwo jak piwo, czemu takie drogie? Chyba jednak będę musiała zmienić kumpli, zanim zbankrutuję.

Miałam więcej nie zamawiać, bo już skończyła mi się kasa, ale nie ma tak łatwo – kolejne mi postawili. **NAJLEPSI KUMPLE W ŻYCIU**, wszystko odwołuję. Bardzo dobre piwo, tak, tak, wytrawny aromat, ciężki bukiet, otwarte kadzie, wszystko, co chcecie. Delicje. Darowanemu koniu się nie zagląda do karety, czy jakoś tak.

Następnego dnia rano głowa mnie napierdziela gorzej niż po najtańszym winie. Nie wiem, ile tego było w końcu, ale jak znam siebie, to dużo, skoro za darmo. I jeszcze jakiś **KRETYN ZIDIOCIAŁY DZWONI DO DRZWI**. Tomek. Musi być nieźle zdesperowany, skoro chciało mu się schodzić do mnie całe jedno piętro.

– Nie masz czegoś, żeby, no wiesz… klin klinem? – Głos ma przytłumiony, brodę zmierzwioną i w ogóle nie wygląda jak beergeek.

Mam łomżę, ale przecież się nie przyznam, wczoraj mi tak dobrze poszło przechodzenie na kraftową stronę mocy.

– Nie za bardzo, ale pewnie już otworzyli monopolowy na dole…

– Nieee, żadnych fikuśnych. Marzę o najzwyklejszym piwie.

Przynoszę mu butelkę. Wciąga połowę naraz. Na jego twarzy maluje się błogi uśmiech. On to ma zadatki na alkoholika, może raczej trzeba było dać mu kefir.

– To jest to, co chciałem, dzięki.

– To co; wieczorem powtórka? – Udaję, że mam siłę w ogóle myśleć o jakiejś powtórce.

– Mhm. – On udaje jeszcze gorzej.

Nie było powtórki. Ostatecznie kumple doszli do wniosku, że przy trzecim piwie każde smakuje właściwie tak samo. Hipsterskie brody też zgolili. I dobrze, wyglądali jak drwale.

Czasem, żeby poprawić
kobiecie humor, wystarczy
jakieś dobre słowo.
Coś jak czekolada. Albo wino.
Albo pizza.

Najgorzej to dostać kwiaty bez okazji.
Wiesz, że coś przeskrobał,
ale nie wiesz co.

Hahaha! Kto by chciał taką kieckę!
PRZECENA

Jak nie robić zakupów

Przeczytałam gdzieś w internetach, że „korzystanie z listy zakupów pozwala zaoszczędzić nawet do stu pięćdziesięciu złotych na jednych zakupach”. **STO PIĘĆDZIESIĄT ZŁOTYCH NA JEDNYCH ZAKUPACH.** To się opłaca! Przecież mi toby chyba musieli dopłacać w kasie, bo ja tyle nie wydaję. No ale tak poza tym to przekonujący był ten artykuł. Zainspirował mnie, żeby zmienić swoje życie. Bo ja to robię zakupy metodą „na czczo”: wpadam głodna do supermarketu i kupuję wszystko, co wygląda smacznie. W tym ubrania. A to jest droga donikąd, powiem wam.

Postanowiłam zatem, że będę rozsądnie planować wydatki i robić szczegółową listę zakupów, uwzględniając bieżące promocje i w ogóle. Pełny profesjonalizm, jak na nowoczesną kobietę przystało. A że nowoczesna kobieta nie korzysta z papieru i długopisu, tylko smartfona, to dobre dwie godziny zmarnowałam na szukanie odpowiedniej apki. Stanęło na tym, że jedyną sensowną okazał się Google Keep, ale ja nie chcę, żeby w Google'u znali moje zakupy, a na pewno tylko na to czekają! Musiałabym pisać szyfrem i potem bym nie wiedziała, co mam kupić. Tak, wiem, to początki choroby psychicznej. Postanowiłam więc pójść na kompromis i pisać listę w wersji roboczej SMS-a. SMS-y to przynajmniej umiem obsługiwać.

No to lecimy z tematem: spiszmy **TYLKO NIEZBĘDNE RZECZY** plus ewentualnie coś, co jest w promocji i można kupić na zapas. Szczęśliwie jestem na bieżąco z okazjami, bo mój supermarket regularnie wysyła mi listy miłosne. Nikt do mnie tak często nie pisze jak on. Dziś na przykład mnie poinformował w gazetce, że przy zakupie jednego proszku do kolorów drugi dostanę gratis. Jak miło z jego strony. Dobra, zróbmy tę listę!

MAKARON RURKI – bo mam dobry przepis na zapiekankę;

KAWA – bo rano potrzebuję;
WINO – bo wieczorem zasługuję;
2 × PROSZEK DO KOLORÓW – bo drugi gratis;
MASZYNKA DO GOLENIA NÓG – bo grozi mi randka w ten weekend;
JAJA DUŻE – bo cenowo podobnie do normalnych, a więcej jedzenia, opłaca się.

Sześć pozycji. Ani mniej, ani więcej. Jeszcze tylko odmówić szybką modlitwę: **„BOŻE, SPRAW, ŻEBYM KUPIŁA TYLKO TO, PO CO PRZYSZŁAM"**, i zaczynamy. Na miejscu nie biorę wielkiego wózka, żeby mnie nie kusiło, tylko zwykły mały koszyk. Pędzę od razu do makaronów, z nikim nie gadam, nawet jeśli natknę się na tego przystojnego pana z próbkami perfum. Jestem twarda i asertywna.

Okej, był ten pan, więc jednak chwilę u niego zabawiłam, **ALE NIE KUPIŁAM NIC ZBĘDNEGO**. Po prostu doszłam do wniosku, że jednak potrzebuję tych perfum na randkę w weekend. Odhaczyłabym tę pozycję na liście, ale jej tam nie ma, bo to był spontan. **MOŻE TERAZ JĄ DODAM I OD RAZU ODHACZĘ?** Właściwie jak ja zamierzam cokolwiek odhaczać, skoro wszystko zapisałam w SMS-ie? Chyba muszę po prostu po kolei kasować każdy punkt. Dobra, przyznaję, jednak nie do końca to przemyślałam. Cicho! Idę po makaron.

Makaron skasowany, teraz kawa. Dobrze, że się nie znam na kawie, to mogę kupić najtańszą, jaka jest. Byleby działała. Teraz wino – zasada podobna. I usunę trzy pozycje naraz. Strasznie to niewygodne, nie umiem tym moim grubym paluchem trafić między literki, żeby skasować to, co powinnam. Ten, kto wymyślił smartfona, chyba miał palce jak pianista. I to wychudzony. No nic, została połowa:

2 × PROSZEK DO KOLORÓW
MASZYNKA DO GOLENIA
JAJA DUŻE

O cholera, jaki wielki ten proszek. Jak ja dwa takie wory upchnę do mojego niewinnego malutkiego koszyczka? Nie no, wracam po wózek, nie ma innej opcji. **ŻYCIE JEST TAKIE SKOMPLIKOWANE.** Idę do wyjścia. Biorę wózek. Wrzucam do niego koszyk. Lecę z powrotem między półki. Męczą mnie już te całe planowane zakupy. Dawać ten proszek. Uff. Okej. Teraz odhaczyć, znaczy skasować. Palce mi się ślizgają. Nie tu! No, udało się. Kawałek maszynki też niechcący skasowałam.

MASZYNKA DO GOL
JAJA DUŻE

Brzmi jak hasło dla szpiegów. Jakoś bardziej profesjonalnie ta lista wyglądała na początku. Dlaczego wszystko, za co się biorę, kończy się parodią? Dobra, jeszcze tylko maszynka i jaja, i koniec. Jest maszynka. Odhaczyć. Znowu nie umiem trafić, stoję na środku alejki i dziugam w ten ekranik jak nienormalna. Następnym razem biorę kartkę i długopis. Jeszcze jakiś cham mnie potrącił i telefon wyleciał mi z ręki! Co za buc.

Podnoszę smartfona z podłogi i stwierdzam, że mój zakupowy SMS przestał być „wersją roboczą", a stał się „wiadomością wysłaną". Do szefa. Oczywiście, że do szefa, dlaczego by nie? A wyglądał tak:

MASZ
JAJA DUŻE

Muszę się napić. Dobrze, że wino kupiłam. Wino nie zadaje pytań. Wino rozumie.

Z facetem jest jak z komputerem.
Jak nie wprowadzisz danych,
to nie licz na to, że się domyśli.

Słodycze to nie wszystko.

Ale wszystko bez słodyczy to nic.

No i co **kłamiesz**?

Jak przeżyć jeden dzień na diecie – 30 prostych rad

1

Obudź się nie za wcześnie. Im szybciej wstaniesz, tym bardziej będzie ci się dłużył ten dzień. **DWUNASTA JEST JAK NAJBARDZIEJ AKCEPTOWALNA.**

2

Zrób sobie lekkie śniadanko z przygotowanych wcześniej składników, które poleciły ci fit-internety. Chlebek razowy, chuda wędlinka drobiowa, pomidorek.

3

Jedz bardzo powoli, przeżuwaj każdy kęs trzydzieści razy. Mózg będzie myślał, że się najadłaś.

4

Koniec śniadania, zajmij się codziennymi sprawami. Wstałaś o dwunastej, więc albo jest weekend, albo w końcu cię zwolnili. Tak czy inaczej – przed tobą długi dzień, więc lepiej znajdź sobie coś do roboty.

5

Nie myśl o jedzeniu.

6

To była głupia rada. Jak z tym różowym słoniem czy białym niedźwiedziem. Nie da się o czymś nie myśleć, jeśli się postanowi o tym nie myśleć. Zajmij umysł czymś innym. Włącz telewizję.

7

Oczywiście trafił ci się *Ratatuj*, czyli film o jedzeniu. Ale to przynajmniej fajny film. Oglądaj.

8

Przydałby się popcorn, ale to nie jest dietetyczne.

9

Czy może jest? Idź sprawdzić w internetach.

10

Internet mówi, że twoja dieta jest mało skuteczna.

11

Nie trać wiary, nikt nie powiedział, że nie możesz zmienić diety w trakcie.

12

A nie, jednak piszą, że nie możesz.

13

A co oni tam wiedzą. Przejdź spontanicznie na dietę paleo. Brzmi bardzo odchudzająco. Widziałaś kiedyś spasionego jaskiniowca? No właśnie.

14

Właściwie to żadnego jaskiniowca nie widziałaś.

15

No, poza panem Mietkiem z monopolowego, jego to by można odziać w skórę niedźwiedzia, dać maczugę do ręki i niech leci na mamuty.

16

O CZYM TY PIERDZIELISZ, KOBIETO, SKUP SIĘ NA DIECIE.

17

Dieta paleo polega na jedzeniu surowych owoców, warzyw, ryb i mięsa. To się dobrze składa, bo masz tatara w lodówce. Będzie w sam raz na obiad.

18

Obżarłaś się tatarem. Ta dieta jest spoko.

19

Idź na spacer. To dobre na trawienie. Zwłaszcza że ten tatar trochę dziwnie pachniał.

20

Wróć ze spaceru. Do końca dnia jeszcze daleko, a czujesz, że od tego łażenia zgłodniałaś.

21

Zjedz jabłko.

22

To był głupi pomysł. Po jabłku tylko bardziej chce się jeść.

23

Nie myśl o tym. Poćwicz z Chodakowską czy coś. Jak cię będą boleć wszystkie mięśnie, to nie będziesz mieć siły myśleć o głodzie.

24

Nie dość, że jesteś głodna, to jeszcze wszystko cię boli.

25

Szybko, kolacja! Bo nie wolno jeść później niż cztery godziny przed snem. A to już dwudziesta się zbliża!

26

Na kolację zjedz lekką sałatkę. Dobre i zdrowe.

27

Teraz musisz tylko wytrzymać cztery godziny bez żarcia i iść spać w poczuciu spełnionego obowiązku.

28

Wybiła północ. To znaczy, że wytrzymałaś cały dzień na diecie! Gratulacje!

29

Uczcij to, wpierdzielając blachę ciasta i popijając winem.

30

Nie żałuj niczego.

Dwa najpiękniejsze słowa,
które każdy chce usłyszeć…
Jutro wolne.

Mowa jest srebrem,
milczenie złotem,
a foch to foch.

KUP
ATMOSFERA ŚWIĄT
KUP RZECZY
KUP
CORAZ BLIŻEJ ŚWIĘTA
Jest **październik**...

Jak spróbować się wczuć w atmosferę świąt i ponieść porażkę

Zbliżają się święta Bożego Narodzenia. Jak każdego roku prezenty zamówiłam już w listopadzie przez internety, żeby się z ludźmi po centrach handlowych nie tłoczyć. No i to by było na tyle chyba, jeśli chodzi o moje przygotowania. Sprzątać specjalnie nie ma sensu, skoro i tak będę u rodziców. W ramach świątecznych dekoracji to mam w piwnicy taką gotową choinkę, którą się wyjmuje z worka, zdmuchuje kurz, wsadza wtyczkę do prądu i od razu christmasowy nastrój załatwiony. Generalnie mogłabym już olać temat, ale właśnie przed świętami czuję taką presję bycia dorosłym człowiekiem. Na każdym kanale telewizji, w każdej stacji radiowej i z każdego zakątka internetów atakują mnie dobre rady i pomysły, jak przetrwać ten świąteczny rozgardiasz oraz jak zaplanować sobie wszystkie zajęcia, żeby zdążyć ze wszystkim. No cóż... Mogą się ode mnie uczyć.

Jednak ta presja robienia czegoś, bo święta, ciągle czyha i podszeptuje mi dziwne pomysły. A to mycie okien, a to odkurzanie żyrandoli, a to wysyłanie ręcznie robionych kartek. Szczęśliwie bardzo łatwo przychodzi mi opędzanie się od takich natarczywych myśli. Jak by nie patrzeć, to, co wyczyszczę, zaraz i tak będzie brudne. No i po co męczyć listonoszy, skoro można ludzi otagować w poście z życzeniami.

Ale jedna rzecz jest silniejsza ode mnie. Jedzenie.

No wiadomo, jadę do matki, która pewnie w listopadzie zaczęła sobie te wszystkie świąteczności organizować, i jedzenia będzie w bród. Ale jestem młoda, wykształcona, z dużego miasta... Można by matkę w przygotowaniach jakoś wesprzeć.

Po odrzuceniu wszystkich potraw, które wymagają pieczenia lub smażenia (wiadomo, że i tak się przypali), oraz tych, które wymagają jakichkolwiek innych talentów kulinarnych, zostaje mi kutia. No i git. Smaczne, słodkie, świąteczne.

Już nawet nie będę się wdawać w szczegóły, ile to się człowiek musi namęczyć w hipermarketach i porozpychać łokciami w kolejkach, **ŻEBY W KOŃCU, KURNA, GDZIEŚ ODNALEŹĆ PSZENICĘ**. Nawet nie wspomnę o tym, że to mi dwa dni zajęło, bo „namoczyć pszenicę", „ugotować pszenicę", „namoczyć mak", „zmielić mak", „namoczyć rodzynki", „podprażyć orzechy", „obrać migdały". Ja się po prostu podzielę radosnymi reakcjami moich bliskich na mój wkład w wigilijną kolację.

Babcia: „Ooo, zaczęłaś gotować? Bardzo dobrze, może w końcu sobie znajdziesz jakiegoś kawalira. Bo kto to słyszał, żeby kobita nie gotowała".

Mama: „To moje gotowanie już ci nie smakuje? Może wszystko przygotujesz w przyszłym roku".

Tata: „Nawet dobre. Ale ty to nie powinnaś jeść tyle słodyczy, Pączuszku. Tylko ci słodkie w głowie. Śledzia byś zjadła".

Ciotka: „A ty znowu sama na święta? No pewnie! Zawsze mi imponowało, że ty wcale nie masz potrzeby podobania się chłopakom. No i dobrze. No jasne. Po co ci to?”.

Brat: „I co? To jadalne jest?”.

Chuda Dziewczyna Brata: **„AAA! GLUTEN!”**.

A to wszystko jeszcze przed tradycyjnym połamaniem się opłatkiem.

Mówią, że lepiej być biednym
i szczęśliwym niż bogatym i smutnym.
A co z kompromisem pod tytułem:
taki-sobie-bogaty i zadowolony?

ZNAJDŹ RÓŻNICE

JA NORMALNIE

JA, KIEDY CHCĘ BYĆ HYGGE

Jak być trochę hygge, a trochę nie

Po ostatnich świętach wróciłam do domu z tradycyjnym bagażem w postaci dwóch toreb: siatą słoików i pudełek z pierożkami, kapustą itp. oraz siatą prezentów. Prezenty, tradycyjnie, w formie ogromnej ilości substancji sugerujących, że się starzeję i śmierdzę. Okazuje się, że święta to doskonała okazja, aby kobiecie dać znać, że pora na porządny krem przeciwzmarszczkowy („ho, ho, ho, latka lecą") i nieśmiertelny zestaw dezodorant-szampon-balsam do ciała (czy oni twierdzą, że ja się nie myję?). Mam nadzieję, że w piekle jest specjalne miejsce dla tych, którzy wyniszczonym przygotowaniami do świąt ludziom doradzają kupno takich „sprawdzonych upominków".

Ale w tym roku nie było tak źle. Dostałam nawet dwie książki. *Jak zatrzymać faceta?* i *Hygge. Duńska sztuka szczęścia*. Świetnie. Ta pierwsza od razu się przydała, bo stolik w kuchni mi się gibał. Tę drugą nawet postanowiłam przeczytać, bo choć tytuł mi nic nie mówił, wyglądała ciekawie.

I nagle okazało się, że całe życie byłam chodzącą definicją hygge. Mogłabym mieć na imię Hygge, gdyby nie to, że to takie brzydkie słowo.

Przeciętny szczęśliwy Duńczyk, jak się okazuje, zjada rocznie osiem i dwie dziesiąte kilograma słodyczy, czyli podwójną średnią europejską. (Nie chcę wyjść na chwalipiętę, ale mogę spokojnie potroić ten wynik). Do tego żre pachnące bułeczki, posiada cenną umiejętność nicnierobienia i przy blasku świec snuje się po domu bez celu w wełnianych skarpetach i za dużym swetrze. Cała ja! Nie wiedziałam, że ze mnie takie szczęście wcielone! Ja królową hygge jestem!

I tak się następnego wieczoru wystroiłam w te skarpety i sweter, naszykowałam bułeczki, zapaliłam świece i miałam się właśnie zjednoczyć z kanapą, tworząc szczęście doskonałe, kiedy usłyszałam domofon. Magda. Znakomicie. Siedemdziesiąt osiem procent szczęśliwych Duńczyków przynajmniej raz w tygodniu spotyka się z przyjaciółmi, rodziną lub znajomymi (średnia europejska to około sześćdziesięciu procent). Magda staje w drzwiach, ale to, co ma na sobie, wcale nie przypomina hygge-swetra ani hygge-skarpet.

– Co ty odpierdalasz w tym swetrze, chora jesteś? – Wita się ze mną serdecznie, całując w policzek. Właściwie te nasze buziaki na przywitanie bardziej przypominają atak ptactwa domowego.

– Hu-y-gr – odpowiadam. Ha! Nawet sprawdziłam w necie, jak się to hygge wymawia.

– Zakaźne? Możesz mówić?

– Chodzi o hygge. Spędzam sobie hygge-wieczór. Taki sposób na szczęście. Duński.

– A wiesz, jaki ja mam sposób na szczęście? Happy hour. Dupka w troki, make-up na mordkę i wychodzimy.

– Ale w hygge chodzi o to, żeby umieć docenić…

– Nie pierdziel. Wódka.

Są argumenty, wobec których pozostaję całkiem bezradna. No dobra. Poczekam z tym całym hygge do jutra. Bułeczki i sweter będą w sam raz na kaca.

CYTATY Z INTERNETÓW

Gdyby Bóg był kobietą,
toby w życiu nie wymyślił,
żeby od jedzenia się tyło.

KOLOROWANKA ANTYSTRESOWA
KOLOROWANKA ANTYSTRESOWA
KOLOROWANKA ANTYSTRESOWA
Kurwa!

Jak się zestresować kolorowanką

Podobno stresu nie powinno się zajadać ani zapijać. To ja nie wiem, co z nim zrobić. Ostatnio próbowałam go zabazgrać. I dużo mi to dało.

No bo to było tak:

Wściekła jak osa, wlazłam do super-hiper-megamarketu, żeby nakupić czekolady, z którą się potem zagrzebię pod kocykiem. A tu promocja na kolorowanki antystresowe. „Znajdź chwilę dla siebie! Odzyskaj siłę ducha! Przegoń zmęczenie!” No dobra. Niech wam będzie. Biorę. Tylko którą? Zwierzęta? Może nie jestem wybitnym zoologiem, ale to chyba się wszystko na szaro-brązowo-czarno da zrobić. To raczej mnie

nie nastroi pozytywnie. Mandale? To chyba jakieś azjatyckie pranie mózgu. O! Rośliny. Jakieś kwiatki, drzewa, krzaczki, zielonego dużo. Dawać to. Biorę dwie, bo promocja. Wrzucam do koszyka i ruszam dalej.

O, piwo też w promocji. I czekolada. Do tego mrożonki i smażonki. Mam wszystko. A, wróć! Kredek nie mam! Gdzie są kredki? Gdzie są kredki? Instynkt podpowiada mi, że to może być dział dziecięcy. Błąkam się zatem po tej nieludzkiej hali w poszukiwaniu artykułów plastycznych. Jakimś dziwnym trafem droga mi wypadła przez dział z winem, więc złapałam kadarkę, bo to się zawsze w domu przyda.

Są. Lalki. Lego. Misie. Są i smarkacze szarpiące rodziców za rękawy. He, he, he. Dobrze im tak. Następny regał. Bingo! Długopisy, ołówki, gumki, farby. I kredki! Ołówkowe, akwarelowe, artystyczne, pastelowe i świecowe. Yyy? No nie wiem. To może ołówkowe? Co się będę wydurniać? Sześć kolorów? Osiem? Szesnaście? Dwadzieścia cztery? Ooo! Jakie piękne pudło. Czterdzieści osiem kolorów! Ale się będzie działo!

– Mamooo! – Słyszę jednym uchem, ale udaję, że wcale nie.

– Maaamoo!!! – rzecz narasta.

– Maaaamoooo! Ja chcę te kredki!

– Które, kochanie?

– Te z królewną!

– Ale tu nie ma żadnych z królewną, żabko. Może weźmiemy te z tęczą?

– Ta pani ma z króleeewnąąą!!! Ja chcę!

W tym momencie zorientowałam się, że „ta pani" to ja. I że wyjście ze sklepowej alejki zastawił wózek z bliźniakami. Mimo to rozpoczynam odwrót.

– Kochanie, nie ma więcej takich kredek. Może te weźmiemy? W takim pudełku pięknym?

– Nieee!!! – Ten ryk mrozi krew w żyłach. – Ja chcę tamteee!

– Ale takich już nie ma. Chyba że ta miła pani ci odda. Na pewno ci odda, jak ją ładnie poprosisz.

W kryształowo błękitnych oczach dziecięcia widzę, że o prośbie nie może być mowy. Nie czuję się też dziś wcale „miłą panią". Może bym się poczuła, jakby to całe odstresowywanie się było łatwiejsze. Czuję za to pazury szarpiące za rękaw.

– Niech pani zabierze to dziecko.

– Przepraszam, ale czy mogłaby pani nam odstąpić te kredki? Dziecku bardzo zależy.

– Nie. – Sama jestem zaskoczona swoim nagłym przypływem asertywności.

– Nie?

– Nie. Nie mogłabym. Niech się mała uczy, że życie jest okrutne i nie każdy dostaje takie kredki, jakie by chciał.

I tu miałam wygłosić jeszcze kilka prawd życiowych oraz podzielić się swoimi głębokimi przemyśleniami na temat przemijania, niesprawiedliwości i bezlitosnej walki o byt. Ale widząc, że młode zaczyna demolować regał z papierem kolorowym, a matka próbuje ocalić resztki godności, przemykam niczym ninja obok bliźniaczego wózka i zygzakiem (żeby zmylić trop) pędzę do kas, ścigana dzikim skowytem. Po drodze znów mijam dział z alkoholem, więc łapię szybko chociaż jakiś cydr. Przy kasie zakrywam twarz apaszką. **NIKT MI NIC NIE UDOWODNI.**

Resztkami sił docieram do domu. Strasznie ciężkie te torby. Trzeba było wziąć tylko jedną kolorowankę.

Opadam na kanapę. **DAWAĆ TE CHOLERNE KWIATKI.** Zielona ich mać. Trzęsącymi się rękoma wyłuskuję z pudełka kredkę i wyżywam się na pierwszym napotkanym chwaście.

Trach!

Kurwa. Muszę jeszcze temperówkę kupić.

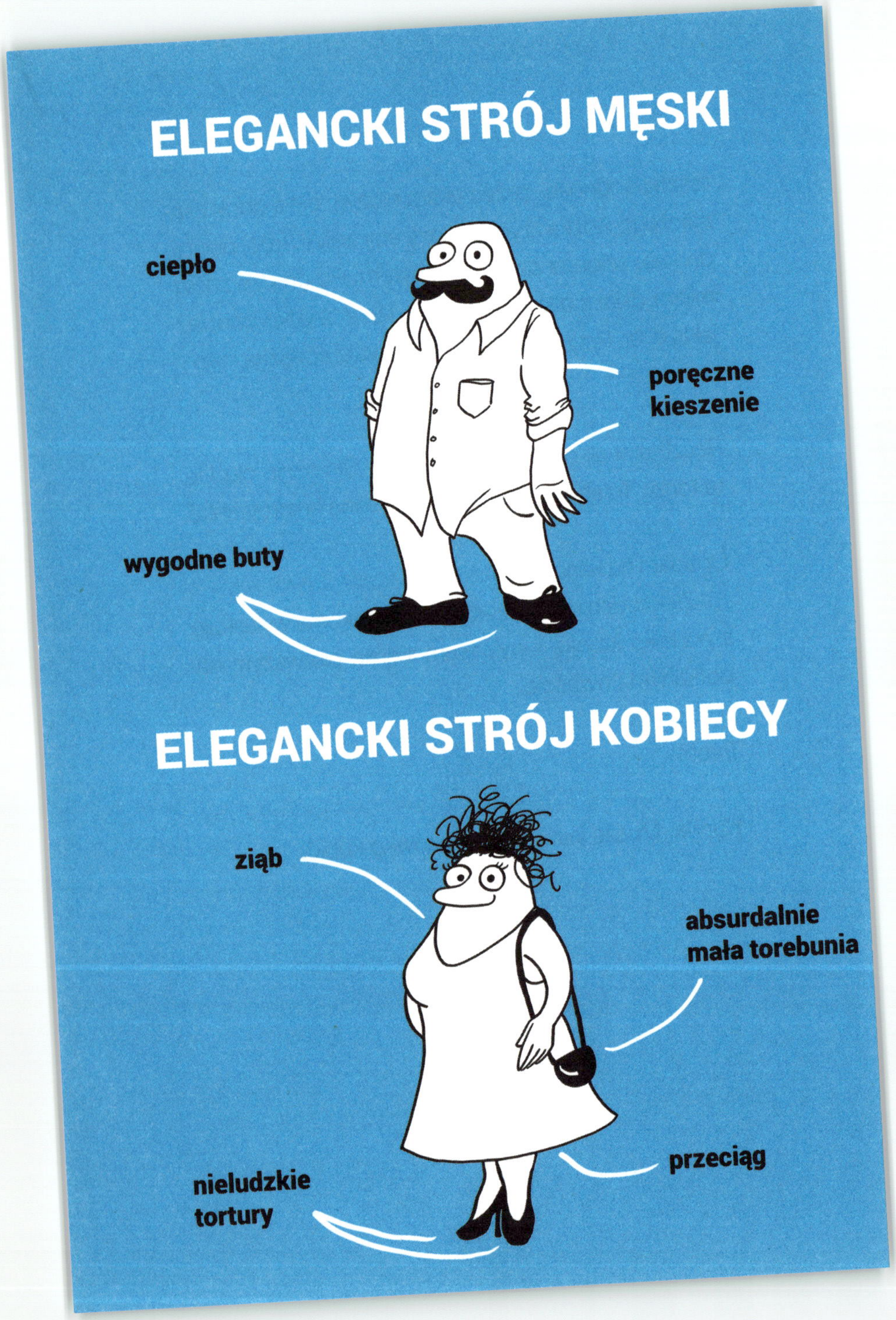
ELEGANCKI STRÓJ MĘSKI
ciepło
poręczne kieszenie
wygodne buty
ELEGANCKI STRÓJ KOBIECY
ziąb
absurdalnie mała torebunia
przeciąg
nieludzkie tortury

Gorączka sobotniej nocy

Sobota, sobótka, soboteńka. Mam wrażenie, że wszyscy, których znam, spędzają większość życia, czekając na sobotę. Na tę akurat czekałam szczególnie. Ta sobota to nie tylko zwykłe lenistwo, kaloryczne żarcie i opary alkoholowe. To także randka z Arturrro. Tak naprawdę to zwykły Artur, ale całe nasze piętro wie, że Arturrro. I niejedno dziewczę jeździ windą w tę i we w tę pod byle pretekstem, żeby tylko natknąć się na Arturrro i jego piwne oczy. A tu proszę! Z kim się Arturrro umówił? No z kim? No ze mną!

Ja już swoje lata mam i wiem co nieco o życiu. Na przykład to, że jak się trafia taki Arturrro, to trzeba łapać to szczęście za ogon (czy za co innego się da akurat złapać). Wiem też, że na **TAKĄ** randkę to się trzeba odpowiednio wypindrzyć, a stworzenie dzieła idealnego wymaga czasu. Dlatego też biorę się za siebie od samego rana. No, od południa. Przed jedenastą w sobotę żaden szanujący się człowiek nie wstaje.

Po pierwsze, stylizacja. Jak byłam młoda, to się na to mówiło strój, ciuch, kiecka... Teraz się trzeba wystylizować. Wyciągam więc z szafy moją najlepszą przyjaciółkę – małą czarną – i obmyślam, co dalej. Obowiązkowo szpile. Przymierzam. Już wyglądam jak bogini. I poruszam się z gracją nowo narodzonego Bambi. Stopień owłosienia łydek też podobny.

A więc wosk! I odwieczny dylemat, jak daleko posunąć się z tym woskiem. Niby pierwsza randka, a ja jestem kulturalną damą, więc on się o futrze nie dowie, a do drugiej randki wszystko i tak znów zacznie kiełkować. Ale jeśli jednak będzie chciał się dowiedzieć, to kimże ja jestem, żeby pogonić Arturrro? Hm... Dobra, jedziemy po całości.

JEZU CHRYSTE! WÓDKI NA ZNIECZULENIE!

I tym sposobem już po szesnastej mam wybraną stylizację oraz boskie, gładkie i pachnące ciało, jestem gotowa wyruszyć w miasto. Tylko po tej wódce chuch zrobił mi się trochę nie tego, ale od czego jest guma do żucia. Aha! Drobny, ale ważny szczegół. Klasyczny dylemat bieliźniany Bridget Jones. Tak jak ona decyduję się na wielkie gacie spłaszczające brzuch. W razie czego mam w telefonie link do artykułu z poważnego brytyjskiego dziennika „The Sun", którego autor wyraźnie stwierdza, że tak się noszą gwiazdy.

No to zabieram się do wykończenia: włosy i make-up. Podstawowa zasada kobiecych włosów: jeśli są proste – zakręcić, jeśli kręcone – wyprostować. Jako wielce szczęśliwa posiadaczka falującego, rozczochranego siana mogę pójść w obie strony. Dziś idę w loki.

Kurna! Została tylko niecała godzina, zanim Arturrro zapuka do drzwi. Szczęśliwie został tylko lekki, świeży, błyskawiczny make-up:

Baza pod makijaż.

Podkład.

Korektor.

Bronzer.

Rozświetlacz.

Róż.

Kredka do brwi.

Baza pod cienie.

Eyeliner.

Cienie.

Tusz.

Konturówka.

Pomadka.

Co za szczęście, że paznokcie miałam już wcześniej zrobione.

Ła! Arturrro już na klatce! Jak wariatka łapię za kieckę i rozpoczynam standardowy taniec wygibaniec.

Paradoks sukienki polega na tym, że chcesz ją założyć na randkę, ale nie masz faceta, który by ci zasunął suwak na plecach. Musisz więc chodzić na randki, żeby znaleźć faceta, który by ci zasunął suwak na plecach, żebyś mogła iść w sukience na randkę, żeby znaleźć faceta, żeby zasunął suwak, żeby iść na randkę, żeby…

Arturrro! Mrrrau. Że ja? Och, daj spokój! Taka jestem prosto spod prysznica… To stara kiecka jakaś… A weź, przestań… No to gdzie pójdziemy? Że kino i kolacja? No, no! Chodźmy!

Powiem tyle, że niszowe kino ormiańskie mnie słabo kręci, ale za to na pewno byłam najlepiej ubrana w tej kebabowni, do której mnie potem zabrał. **CHYBA NIC Z TEGO NIE BĘDZIE.**

Lepiej wyjść z domu głodną

nież nieumalowaną.

Życie jest za krótkie

na diety.

DZIEŃ WYPŁATY
100
RESZTA MIESIĄCA
Panie Boże, pobłogosław ten posiłek...

Jak zaoszczędzić i żałować

Cześć, to znowu ja, Bukowa. Znacie to uczucie, kiedy kończy się miesiąc, wy macie na koncie jeszcze sporo pieniędzy, a zaraz będzie kolejna wypłata? Ja też nie.

Dlatego postanowiłam, że zacznę oszczędzać, bo w końcu lata lecą, w polityce nic się nie zmienia i pewnie na emeryturę nie mam co liczyć, a bogaty książę z bajki jakoś się ociąga z tym, żeby wkroczyć do mojego życia i usłać je banknotami. Lepiej być bogatą starą panną niż biedną starą panną. To moje nowe motto, prawda, że optymistyczne?

Najpierw pomyślałam: no spoko, to po prostu nie będę wydawać pieniędzy na prawo i lewo, a to, co mi zostanie pod koniec miesiąca, odłożę i z czasem się trochę uzbiera. Otóż to tak nie działa, jak się okazuje. Przy stosowaniu tej techniki kasa się kończy – w najlepszym razie – tuż przed wypłatą. Nie wiadomo dlaczego, to pewnie magia albo fizyka kwantowa. Dlatego poczytałam to i owo w internetach i dowiedziałam się, jak należy oszczędzać skutecznie. Chętnie się z wami tą wiedzą podzielę.

Zasada pierwsza: trzeba wyjść z długów. U mnie to akurat sprawa prosta, bo o ile nie mogę się pochwalić szczególnie imponującym miesięcznym przychodem, o tyle zawsze unikałam jak ognia wszelkich kredytów. Krótko mówiąc – u mnie zawsze kijowo, ale stabilnie. No ale internetowy poradnik każe wyjść z długów, to wychodzę: do Tomka z góry.

– Puk, puk.

– Kto tam?

– Otwieraj, piniondze.

To chyba dobre hasło, bo od razu otwiera.

– Masz tu swoją dychę. Pożyczyłeś mi jakieś pół roku temu.

– Serio? Nic nie pamiętam...

– Wiem.

Okej, wyjście z długów zakończone sukcesem. Dobra jestem w tym oszczędzaniu! Idźmy za ciosem i przejdźmy do punktu drugiego.

Zasada druga: najpierw płać sobie. To brzmi o wiele lepiej, niż znaczy. Chodzi o to, że zaraz po otrzymaniu wypłaty część pieniędzy przelewasz na konto oszczędnościowe, a tym, co zostało, gospodarujesz przez miesiąc. **TO PRZECIEŻ NIE JEST ŻADNE PŁACENIE SOBIE, WRĘCZ PRZECIWNIE.** To jest... płacenie jakiejś Bukowej-z-przyszłości. Co mnie ona obchodzi? No ale nic, postanowiłam, że będę oszczędzać, to muszę być konsekwenta. Konto oszczędnościowe otwieram w innym banku niż mój obecny. Z dwóch powodów. Po pierwsze, mają lepsze oprocentowanie, a mój internetowy poradnik mówi, że to ważne. Po drugie, ważniejsze – **JA SIEBIE ZNAM**. Jak będę miała tę kasę pod ręką, to zaraz ją przeleję z powrotem na zwykłe konto, żeby sobie kupić jakąś kieckę w promocji. Skoro już mam płacić Bukowej-z-przyszłości, muszę też powstrzymać

Bukową-z-przyszłego-tygodnia, żeby nie udaremniła całej akcji. Dlatego: inny bank, żadnej karty płatniczej i jeszcze dodatkowo ustawiam bardzo rygorystyczny limit kwoty przelewu, żeby mnie nie kusiło. Teraz jestem przed nią zabezpieczona. Bo ona nadejdzie, ta Bukowa-z-przyszłego-tygodnia. I będzie chciała pieniędzy.

Zasada trzecia: zredukuj wydatki. Internet mówi, że jak zrezygnuję z codziennej kawy w kawiarni, to zaoszczędzę do dwóch tysięcy złotych w roku. Musiałabym najpierw zacząć chodzić do takiej drogiej kawiarni, żeby tyle zaoszczędzić. Ale z czegoś tam na pewno mogę zrezygnować. Ze słodyczy na przykład. Z porannej babeczki, którą sobie kupuję razem ze świeżym pieczywem, bo tak ładnie wygląda. Może schudnę przy okazji? Z wina do obiadu też mogę spokojnie zrezygnować. Ja za dużo piję w ogóle i to się tylko kończy tym, że potem wieczorem jestem przymulona. Na pewno mogę zrezygnować z wina do obiadu.

Okej, to wszystko gotowe: dycha spłacona, konto założone, babeczka i wino – zredukowane. Nic, tylko oszczędzać!

Cześć, to ja, Bukowa-z-przyszłego-tygodnia. Znacie to uczucie, kiedy promocja na kieckę w sklepie internetowym kończy się o północy, a wy za cholerę nie możecie sobie przypomnieć hasła do tego pieprzonego konta oszczędnościowego? A w banku nie odbierają. Ja nie wiem, **NIE PRACUJĄ O 23.35 W NIEDZIELĘ? CO ZA BANDA OBIBOKÓW**. I złodziei. **TO SĄ MOJE PIENIĄDZE W KOŃCU I MAM PRAWO ZROBIĆ Z NIMI, CO CHCĘ.** Chyba zadzwonię do Tomka, żeby mi coś przelał. Oddam mu, jak się dostanę do konta. Tak, to jest pomysł.

– Halo? Tomek? Pilna spra… Jak to nie masz ani grosza? Jak to nie oddaję na czas? Przecież ty nawet nie pamiętałeś, że mi pożyczyłeś!

Jaki niewdzięczny ćwok. Koniec przyjaźni. Inna sprawa, że pewnie i tak jest spłukany, bo to koniec miesiąca. **JESTEM WŚCIEKŁA.** Zjadłabym babeczkę, ale **ZGADNIJCIE CO. NIE KUPIŁAM SOBIE.**

Cześć, to ja, Bukowa-z-przyszłości. Znacie to uczucie, kiedy macie zaoszczędzone dużo pieniędzy i chętnie byście sobie kupili wino, ale na całym świecie władzę przejęły maszyny i zabroniły sprzedaży alkoholu?

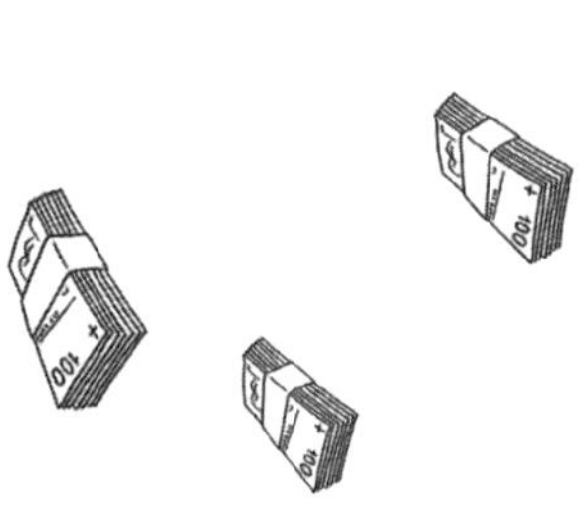

Codziennie udajemy, że lubimy ludzi.
To się nazywa „dorosłość"
i właśnie dlatego w nagrodę
wolno nam pić.

Pora spać

To nie bałagan – to moje feng shui

Kilka lat temu była taka zabawna akcja na Fejsbuku, żeby napisać w statusie, gdzie się lubi kłaść torbę po powrocie do domu. I dziewczyny miały statusy bardzo śmieszne, na przykład „lubię na podłodze", „lubię na wieszaku" albo „lubię w szafie". I to wszystko było bardzo zabawne, bo faceci na pewno myśleli, że chodzi o seks, a tak naprawdę chodziło o cycki i o to, żeby się badać. I ja wtedy napisałam, że „lubię na komodzie", i to też było bardzo zabawne. A ja serio lubiłam na tej komodzie, ale już nie lubię. Ostatnio miałam taką przykrą sytuację, że wróciłam do domu wykończona, ściągnęłam buty, rzuciłam torbę na komodę i zanim się zabrałam do rozpinania stanika, to komoda, pokonana ciężarem torby, z hukiem przywitała się z posadzką w przedpokoju.

To smutne wydarzenie skłoniło mnie do kilku rzeczy:

1) zaklęłam szpetnie;

2) poszłam do kuchni po piwo, bo droga do innych pomieszczeń była zagracona komodą;

3) stwierdziłam, że należy jakieś zmiany zaprowadzić w tym mieszkaniu, pozbyć się kilku starych gratów i wprowadzić trochę ładu, bo ktoś mógł pod tą komodą zginąć.

Z piwem i chipsami siadam zatem przed komputerem i wnet jestem bogatsza o wiedzę z dziedziny feng shui. Nawet nie wiedziałam, ile ja nieszczęść na siebie ściągałam tym zagraconym mieszkaniem! Postanawiam działać szybko, zanim organizm się zorientuje, że mu się nie chce.

Po pierwsze, załadowuję zmywarkę, co rozwiązuje mnóstwo problemów z ostrymi przedmiotami i bałaganem. Potem, wzbogacona mądrością internetów, podejmuję decyzję, że to feng shui to na razie tylko w sypialni, gdyż „zmiany należy wprowadzać jednak powoli i stopniowo. Zbyt radykalne mogą wywołać w twoim życiu zawirowania, z którymi nie dasz sobie rady”.

Zatem:

- wynoszę z sypialni telewizor, komputer oraz wszystkie inne urządzenia, które **ZAKŁÓCAJĄ PRZEPŁYW ENERGII** i wytwarzają **SMOG ELEKTROMAGNETYCZNY**;
- otwieram okno, żeby wpuścić **DOBRĄ ENERGIĘ**;
- ustawiam świece;
- łóżko taszczę na środek, stawiam wezgłowiem do ściany, z dala od drzwi;
- wyrzucam wszystkie rośliny, śmieci, lustra, sztukę nowoczesną i portrety zmarłych (mój świętej pamięci piesek Pimpuś).

Znakomicie. Mam teraz sypialnię, która wygląda jak grobowiec Drakuli: na środku pustego pomieszczenia niczym katafalk wznosi się łóżko okryte czerwienią (kolor miłości – wiadomo), a dookoła płonie mnóstwo świec (w sumie dobrze, bobym zamarzła przy tym otwartym oknie). Jedynie w „kąciku bogactwa i pomyślności" ostała się jedna jedyna dekoracja – remedium feng shui w postaci monet w szklanym naczyniu, które z pewnością przyniosą mi bogactwo. A powiem wam, że nie jest łatwo wepchnąć drobniaki przez szyjkę butelki po winie.

Dobra, śpię dziś w salonie – tam mam komputer, telewizor i zamknięte okna. No i bajzel niesamowity. W końcu się można poczuć jak u siebie.

CYTATY Z INTERNETÓW

Poszłam do sklepu
Po jarmuż i kiełki
Ale nie było
Więc kupiłam **ciastka**
i wino.

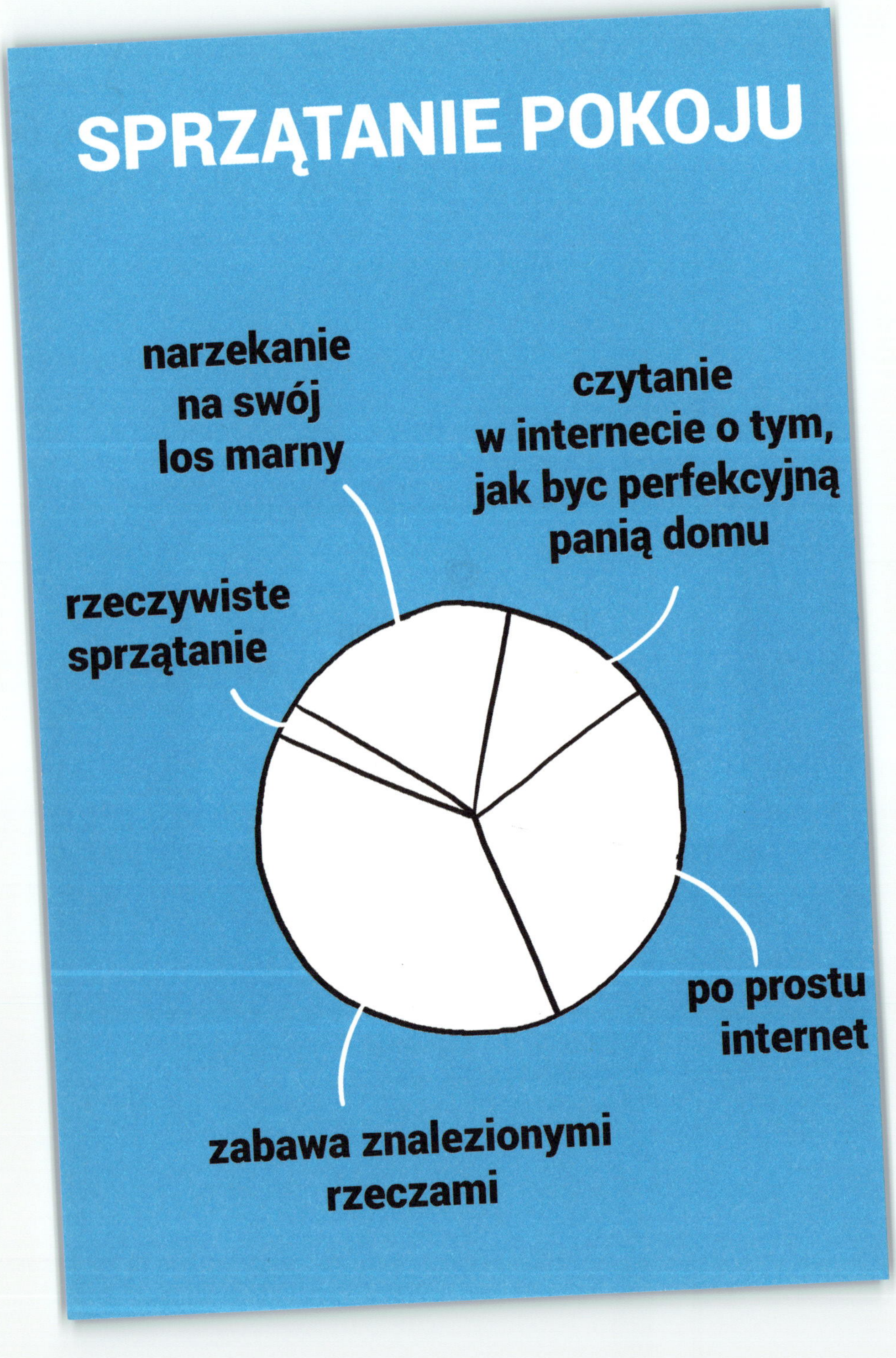
SPRZĄTANIE POKOJU
narzekanie na swój los marny
czytanie w internecie o tym, jak byc perfekcyjną panią domu
rzeczywiste sprzątanie
po prostu internet
zabawa znalezionymi rzeczami

Jak zostać perfekcyjną panią domu – 11 prostych rad

1

Kupuj ubrania z materiałów, które się nie gniotą. Zaoszczędzisz mnóstwo czasu na prasowaniu oraz pieniądze na zakupie żelazka. W razie ewentualnych zagnieceń możesz:

a) delikatnie zwilżyć ubranie, założyć je na siebie (im jest bardziej obcisłe, tym lepszy skutek) i poturlać się po dywanie lub

b) powiedzieć, że tak miało być.

2

Przytulny klimat w domu zapewnią rośliny. Szczególnie łatwe w utrzymaniu są te z plastiku. Raz na jakiś czas wyrzucaj je lub spłukuj z nich kurz pod prysznicem.

3

Uważaj na farbujące w praniu ubrania. Aby nigdy się tym nie martwić, najlepiej skompletować całą garderobę w jednym lub maksymalnie dwóch pasujących do siebie kolorach. Polecam czerń i wszystkie odcienie szarości. Nie polecam bieli i czerwieni.

4

Plamy usuniesz, namaczając tkaninę w wodzie z solą, wcierając sok z cytryny, szorując octem lub szarym mydłem. Efekt będzie jeszcze lepszy, kiedy po prostu użyjesz odplamiacza. Wyjątkowo trudne do usunięcia są ślady po winie. Jeśli oblejesz się winem, najlepiej od razu zdejmij ubranie. I pij dalej.

5

Jeżeli spodziewasz się gości, zaskocz ich pysznym domowym ciastem lub ciasteczkami według przepisu babci. Domowe ciasto znajdziesz w cukierni najbliżej domu, a ciasteczka od babci kupisz zarówno paczkowane, jak i na wagę.

6

Pamiętaj, żeby każdą rzecz odkładać na jej miejsce. W ten sposób unikniesz bałaganu. Miejscem na dziewięćdziesiąt procent moich rzeczy jest szafa w przedpokoju.

7

Dom perfekcyjnej pani domu jest zawsze otwarty dla gości. Okaż swoją serdeczność, nie usuwając pajęczyn, które nie przeszkadzają ci w poruszaniu się po mieszkaniu. Kto wie? Może pająk się odwdzięczy, konsumując jakąś upierdliwą, bzyczącą muchę?

8

Pozbywaj się zbędnych rzeczy. Jeśli zgromadzisz pięć kartonów po pizzy, możesz je już spokojnie wynieść z mieszkania. Wyrzucaj też za małe ubrania: nie potrzebujesz w swoim życiu negatywnych emocji, jakie wiążą się z ich obecnością.

9

Myj WC szczotką do WC. Zęby myj szczoteczką do zębów. To takie proste!

10

Rzeczy w szafie układaj według następującego klucza: ciężkie na dole, lekkie na górze. W ten sposób zwiększasz prawdopodobieństwo tego, że przy otwarciu drzwi szafy prędzej spadnie ci na głowę apaszka lub kłębek rajstop niż odkurzacz lub łom.

11

Jeśli twoim najbardziej znienawidzonym domowym obowiązkiem jest zmywanie naczyń, mam dla ciebie specjalną poradę, która sprawi, że godziny spędzone przy zlewie przejdą do historii: kup sobie zmywarkę.

Prawdziwe przyjaciółki
nie oceniają się nawzajem.
Prawdziwe przyjaciółki oceniają innych.
Razem.

29.04
Jeszcze **2 dni**...
30.04
Jeszcze **1 dzień**...
.05
Nareszcie
Bawimy się

Jak przesadzić z planowaniem majówki

Zbliża się długi weekend, więc jak zwykle od dłuższego czasu kombinuję, jak by tu przycwaniaczyć. W zeszłym roku na przykład słabo przycwaniaczyłam, bo dni wolne w kalendarzu wypadały niekorzystnie, a w dodatku byłam w dupie z robotą. Skończyło się na tym, że za oknem słonko świeciło, ptaszki śpiewały, a ja siedziałam w domu nad tabelkami w Excelu i się pociłam jak szczur. Postanowiłam, że tym razem muszę to lepiej rozegrać.

W tym roku majówka, czyli ukochane święto Polaków, przypada w środku tygodnia: od wtorku do czwartku. No to się aż prosi o tak zwane kreatywne wykorzystanie dni wolnych. Środa jest wolna z góry, bo pracuję w przyjaznej firmie. Zostaje sprawa poniedziałku i piątku – jeśli uda mi się je odciążyć z obowiązków, to będę miała w tym roku urlop. Od weekendu do weekendu. Dziewięć dni opierdzielania się nad morzem albo na innych Mazurach!

Jedyny szkopuł tkwi w tym, że **CHYBA MÓJ SZEF JUŻ MNIE ZA DOBRZE ZNA OD TEJ STRONY** i będzie podejrzliwie patrzył na wszelkie próby wysępienia dodatkowych dwóch dni wolnych. Dlatego muszę go podejść **INTELIGENTNIE**, czyli rozbić te dni na dwie zupełnie różne kwestie, żeby się nie zorientował. Poniedziałek mogę załatwić na L4. Po prostu rano zadzwonię do szefa prosto z moich wakacji i powiem, że umieram na grypę i dostarczę zwolnienie, jak wyzdrowieję. A chorobowe to pikuś, jak ma się lekarza w rodzinie. No to jeszcze piątek. Tu już sprawa gorsza, bo takiego długiego zwolnienia nie zdobędę (gdybym mogła, toby mi nie był potrzebny długi weekend do moich szatańskich planów). Ale tu z pomocą przybywa Słupsk!

Nasza firma ma oddział w Słupsku. Średnio co kwartał muszę tam bywać i doglądać, czy moja słupska odpowiedniczka dobrze się sprawuje. Ze Słupska nad morze niedaleko, chociażby takie Poddąbie to spoko miejsce. A kwartał niedługo się kończy... **TE PUZZLE SAME SIĘ UKŁADAJĄ W SPÓJNĄ CAŁOŚĆ**, nic nie muszę robić, wszystkie znaki na niebie i ziemi wskazują na to, że czekają mnie dodatkowe wakacje w nadmorskim kurorcie!

Jakiś tydzień przed AKCJĄ wkraczam na pewniaka do biura szefa.

– Dzień dobry, szefie, mogę zająć chwi...

– Nie, żadnych dodatkowych dni wolnych w maju!

A to cholernik, jak mnie wyczuł!

– Ale ja tylko chciałam...

– W Słupsku były duże zmiany, musisz tam jechać i zdać mi raport. Najlepiej w piątek.

– Ale...

– W piątek masz być w Słupsku, koniec dyskusji.

Poszło lepiej, niż przypuszczałam, myśli, że to jego pomysł. Teraz nic mnie nie powstrzyma.

Poniedziałek. Siedzę zamotana w koc w domku w Poddąbiu. Chwytam za słuchawkę i dzwonię do szefa.

– Haaalooo – głos mam przepełniony bólem i niewątpliwą chorobą.

– Nawet nie próbuj, Słupsk czeka.

On ma jakąś obsesję na punkcie tego Słupska.

– Ja właśnie w tej sprawie. Grypa mnie dopadła i się kuruję. Dostałam zwolnienie na trzy dni. Chcę wyzdrowieć do piątku, żeby…

– A, tak, bardzo dobrze, zdrowiej.

Odkładam telefon. Za oknem leje. Oczywiście, że leje, przecież to maj i polskie morze, na co ja liczyłam właściwie? Przejaśnienia zapowiedzieli na niedzielę, czyli wtedy, kiedy wracam. Zajebiście. Czuję, że od tego ziąbu coś mnie bierze i rozkłada. Zawijam się szczelniej w moje smutne kocykowe burrito. Teraz to na serio będę zwolnienia potrzebować.

Jeszcze siedem dni…

Ciężka praca

przynosi korzyści w przyszłości.

Lenistwo przynosi korzyści teraz.

Najgorsze jest zawsze
pierwszych pięć dni
po weekendzie.

JAK POŁOŻYĆ GLAZURĘ

1. Przyklej pierwszą płytkę

2. **Nie tak!** Krzywo!

3. **Rozwal wszystko młotkiem**

4. Zamieszkaj w szałasie i żyw się mchem

Jak sprawić, by remont wymknął się spod kontroli

Kafelek na podłodze w łazience mi się poluzował. Nie pierwszy. Jakby to był pierwszy, tobym o tym nie wspominała. Czwarty z kolei. Wziął i pękł, i się poluzował. A że leżał w miejscu strategicznym, to znaczy pośrodku trzech poprzednich luźnych kafelków, to zrobił się z tego big deal. I mówiąc big deal, mam na myśli większy deal niż te cztery poluzowane kafelki.

Zajmuję mieszkanie po dziadkach. Jest ciasne i jeśli chodzi o styl, to powiedziałabym: „wybitnie peerelowskie", ale własne. To jedyne, co mi się w życiu przyfarciło – nie muszę wynajmować kawalerki w Warszawie ani brać kredytu. Jak słyszę te absurdalne ceny, to chce mi się napić. To jest jakiś ponury żart. Dlatego szanuję i kocham moje peerelowskie mieszkanko jak prawdziwy dar od losu. Powiem więcej – traktuję je jak sanktuarium czasów minionych: nie zmieniłam w nim prawie nic, odkąd się wprowadziłam. **Z SZACUNKU.** No dobrze – z braku pieniędzy. Ale też z szacunku.

Czasy taniego lokum skończyły się jednak wraz z pęknięciem tego przeklętego czwartego kafelka. Bo jak on się poluzował, to już to całe zbuntowane towarzystwo w ogóle nie trzyma się kupy i można się bardzo elegancko wywalić w progu, jak się wchodzi do łazienki. To jest ten moment, kiedy trzeba podjąć poważną decyzję, zostać bohaterem w swoim domu i po prostu to naprawić. No ale oczywiście w życiu nic nie jest proste. Kafelki są starsze niż moja babka i obstawiam, że w marketach takich nie sprzedają. I nie mówię o kolorze, bo – umówmy się – cztery kafelki w innym odcieniu niż sraczkowoszary nie popsują ogólnego dizajnu tej łazienki. Ale nawet tego rozmiaru kafelków już nie ma, teraz się robi duże i dostojne. To oznacza wymianę całej podłogi. Jeśli ja mam się wpieprzyć w taką robotę, to opcje są dwie – albo tanio i kijowo, albo drogo, ale może przynajmniej będzie to jakoś wyglądać.

Szybki risercz w internetach uświadomił mi, że na tanio nie mam co liczyć. Najtańsze kafelki to już bolesny wydatek, a jeszcze będę musiała wynająć jakiegoś Tomka, żeby mi je położył. To już lepiej kupić jakieś ładne, a nie ponownie sraczkowoszare. Ale z drugiej strony co mi po tym, że położę sobie eleganckie, jasne kafelki w kolorze piaskowym, skoro na ścianach dalej będę miała zgniłozieloną glazurę? To też musi pójść pod dłuto. No a jak nowa glazura, to i ściany trzeba odmalować. Żeby odmalować ściany, trzeba wytaszczyć pralkę i zdjąć wiszącą szafkę. A ona to się akurat rozpadnie przy samej próbie ruszenia, już to widzę. Właściwie to wygląda, jakby prosiła, żeby ktoś już ukrócił jej cierpienia. Czyli szafka nowa też. No to jak będzie wszystko rozkute, to może będzie to dobra okazja, żeby wywalić też tę paskudną żeliwną wannę i wstawić przyzwoity prysznic jak normalny człowiek? Będzie wreszcie więcej miejsca. To i umywalkę można wymienić na nową, bo ta i tak jest pęknięta.

Wiem, co sobie myślicie. **JAK TA STARA PRALKA BĘDZIE WYGLĄDAĆ W TAKIEJ PIĘKNEJ NOWEJ ŁAZIENCE?** No dobrze, pralka też do wymiany. Ona ma ze trzydzieści lat, cud, że jeszcze nie zalała sąsiadów z dołu. Może to ostatni moment? Czyli generalny remont łazienki. Postanowione. Zabierajmy się do tego, zanim do mnie dotrze, że to bez sensu. Albo gorzej – przyjdzie mi do głowy remont całego mieszkania. Brr.

Jestem w „zagłębiu budowlanym", gdzie są te wszystkie Kastoramy i Lerłamerleny jeden na drugim. Hasam sobie z wózkiem radośnie od sklepu do sklepu i zwiedzam. **NADAL SIĘ NA NIC NIE ZDECYDOWAŁAM.**

Wymyśliłam, że płytki na podłodze mają być w kolorze piaskowym. Ale jaki piaskowy? „Delikatne écru" czy „krem budyniowy"? Chodzę od jednego do drugiego i nie wiem. Wzięłam płytkę „delikatnego écru", idę do półki z „kremem budyniowym", porównuję... **CZYM TO SIĘ RÓŻNI NIBY?** Co ze mnie za kobieta, skoro ja – okazuje się – kolorów nie rozróżniam? **PODSTAWOWYCH KOLORÓW**, dodajmy, bo jeden taki „budyń" ma kilka odcieni o chwytliwych nazwach typu „E7.05.80" czy „E8.07.77".

To może najpierw ściany. Jestem taką trochę koneserką w dziedzinie wystroju wnętrz, moje pojęcie o glazurze jest takie, że **PODOBAJĄ MI SIĘ TAKIE**

KAFELKI, JAKIE SĄ W TOALECIE W MAKDONALDZIE. I co mi zrobicie. Z tak sformułowanym życzeniem kieruję się do wypatrzonego pana w zielonej koszuli i z identyfikatorem na piersi. Próbował się nieudolnie schować za wanną, ale go przydybałam. Pan mówi, że przeprasza, ale nie jada w McDonald's. Oho-ho, mamy tu fana zdrowej żywności. **NIE BĘDĘ Z TOBĄ GADAĆ, BUCU.** Sama sobie znajdę kafelki z Makdonalda. Są podłużne i ciemnobrązowe. Myślę, że znajdę w tym przepychu podłużne i ciemnobrązowe kafelki. O! Mam. Cała półka. Wszystkie prawie takie same, ale nazwy sugerują, że jest inaczej. „Mocna kawa"? „Gorąca czekolada"? A może „przyczajony niedźwiedź"? To jest jakiś dom wariatów. Co chwila się odwracam, żeby się upewnić, czy nie jestem w jakiejś ukrytej kamerze.

Dobrze, spisałam przypadkowe numery różnych odcieni ciemnobrązowych i piaskowych, zamówię je sobie przez internety, przecież nie będę tego sama dźwigać. Zajmijmy się prostszym tematem. Farba do ścian i sufitu. Otóż chcę, żeby ściany i sufit były białe. To brzmi łatwo.

Wiedzieliście, że Eskimosi mają kilkanaście określeń na biel? Kilkanaście. Jak oni teraz wyglądają przy „specach od markietingu" z branży budowlanej, którzy wymyślili ich jakieś półtora tysiąca (jak tak patrzę na te półki). „Nieskazitelna biel". „Światło dnia". „Garść muszelek". „Czar alabastru". Nie, to nie są tytuły najnowszych powieści Paulo Coelho. To wszystko nazwy dla najzwyklejszej białej farby. Ooo! „Classic White". To jest to, co chciałam! Bielsze nie będzie. Jak vizir.

To teraz kabina prysznicowa. Wszystko wymierzyłam w domu i wszystko wiem. Chcę taką ćwierćkolistą, co się ją stawia w kącie. Wiecie, jak w *Simsach*. Oczywiście pan w zielonej koszuli nie grał też w *Simsy*. Pewnie jak by go spytać, która godzina, to powie, że nie używa zegarka. Za co jemu tu płacą w ogóle poza wkurzaniem mnie? Znalazłam sobie sama. Zapisałam nazwę i numerek. Umywalkę też namierzyłam – tutaj jedynym kryterium było, żeby nie była pęknięta, więc przynajmniej nie musiałam gadać z tym zielonym nierobem. Co jeszcze? Pralka. Wygooglałam ją sobie już wcześniej, muszę tylko sprawdzić, czy na żywo nie sprawia wrażenia, jakby się miała za chwilę rozlecieć, bo oczywiście wygooglałam niedrogą. Jest. Bardzo ładna. Drzwiczki się otwierają i zamykają. Programów więcej niż w telewizji. Biere. Znaczy biere później, zamówię sobie, jak wrócę do domu. O ile wrócę. Ledwo żyję już. Nie wiedziałam, że podejmowanie decyzji jest takie wyczerpujące.

Została szafka. Jedna szafka. Jedna decyzja i zaraz będę w domu opijać mój niewątpliwy sukces zakupowy. Znalazłam jakąś niezłą, ale jest czarna. **BOŻE, TO OZNACZA ROZMOWĘ Z TYM TYPEM.** No dobra, weź się w garść, kobieto, jesteś już prawie u celu.

– Przepraszam, czy ta szafka jest dostępna w białym kolorze?

– Tak, oczywiście.

W końcu! Już myślałam, że powie, że nie używa szafek.

– Mam tu paletę kolorów, chwileczkę... Może „czar alabastru"?

– Puk, puk.

– Kto tam?

– Tomek, otwieraj, to ja.

– Siema. Co pijemy?

– Przykleisz mi parę rozwalonych kafelków w łazience? Mam kropelkę i żołądkową gorzką.

– Wpadnę za godzinę, jak się mecz skończy.

Można? Można.

Czar alabastru ich mać.

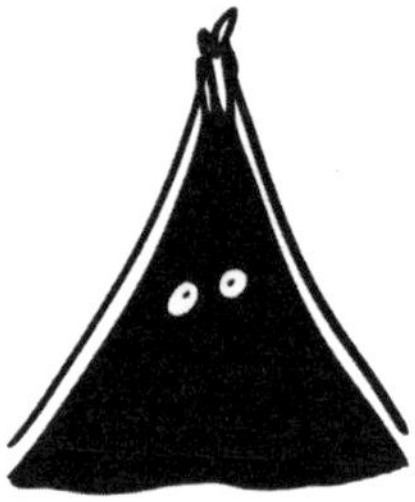

Paradoks bycia dorosłym:
nic nie musisz, wszystko ci wolno,
tylko że **na nic nie masz czasu**.

Powinnam spać
Jeszcze tylko jeden **odcineczek**

Jak się uzależnić od seriali

Wyrywam ostatnio takiego jednego Daniela z pracy. Wiele nas dzieli i nie mówię tu tylko o tym, że ja mam dostojne nazwisko, a jego imię to taki jeleń. Sprawy są bardziej skomplikowane. On jest art directorem w naszej firmie, ja – patrzę w Excela. On używa Pinteresta i Tumblra, ja – Fejsbuka. On ogląda milion seriali naraz, ja tylko *Przyjaciół*, i to jakieś piętnaście lat temu. Ale jest jeden szczegół, który może zakopać te różnice. Otóż on **NIE WIE**, że wiele nas dzieli. Zamierzam go utrzymać w tej niewiedzy.

Pinterest i Tumblr to akurat pikuś: założyłam sobie konta, nawrzucałam śmiesznych zdjęć z kotami i zaprosiłam go do znajomych. Obrazki wszędzie są takie same tak naprawdę, nieważne, czy jesteś Grażyną z Naszej Klasy, czy Karyną ze Snapchata. Pozostała zatem tylko sprawa seriali. Facet tym żyje, potrafi o tym gadać godzinami, zupełnie jakby nic innego nie robił. No to trzeba się uciec do tak zwanego szybkiego riserczu, czyli Wikipedii. Po co oglądać, jak wystarczy streszczenie (że tak sparafrazuję moje motto z liceum dotyczące lektur szkolnych)? Poczytałam zatem co nieco o *House of Cards*, *Fargo*, *Grze o tron* i innych *Jakpoznałemwaszątmatkach*. Wiem z grubsza, co i jak, dlaczego Barney Stinson jest zabawny, a Joffrey Baratheon – wręcz przeciwnie. Takie zaplecze na pewno mi wystarczy.

Teraz sprawa druga: jak zwrócić jego uwagę. Z Danielem pracujemy na tym samym piętrze, więc na pewno już dawno przestał mnie traktować jak potencjalną partnerkę na całe życie. Muszę więc coś w sobie zmienić, żeby inaczej na mnie spojrzał. A że ja, po pierwsze, znam swoje walory, a po drugie, jestem leniem patentowanym, to w praktyce będzie się to ograniczać do dużego dekoltu i wyrazistej szminki. Ja jestem nieskomplikowana, a faceci tym bardziej.

Chociaż z drugiej strony… Może by go podejść inaczej? Skoro on tak siedzi w tych serialach, to może prędzej go przyciągnę jakimś Frankiem Underwoodem na koszulce niż cyckami? Tak, to jest myśl!

A nie mówiłam? Jestem genialna. Nawet nie musiałam go zaczepiać, sam przyleciał do mojego biurka. Umówiliśmy się na wieczór. Powtarzam w pośpiechu wiedzę z internetów, porobiłam też sobie ściągi do rękawa. Na wszelki wypadek. Będzie dobrze.

Okej, to jest jednak twardy zawodnik. Myślałam, że wystarczy kilka oczywistości wypowiedzianych głosem znawcy, w stylu: „*House of Cards* warto oglądać, ale tylko do czwartego sezonu włącznie" albo „Paradoksem *Jak poznałem waszą matkę* jest to, że ze wszystkich wątków najmniej nas obchodzi tytułowa matka" czy też „*Zadzwoń do Saula* obecnie zbliża się do poziomu *Breaking Bad*". Ale nie. Nawet nie wiedziałam, w co wdeptuję, tykając ten temat. Daniel wziął i odblokował jakąś klepkę w mózgu, która kazała mu nawijać o serialach przez całą randkę. I zadawał mnóstwo krępujących pytań. Przez całą rozmowę czułam, jak zimny pot mi się leje po plecach. Koniec końców chyba wyszłam z tego z twarzą, ale jedno jest pewne. **DRUGIEJ TAKIEJ RANDKI NIE PRZEŻYJĘ.** Muszę się lepiej przygotować.

Szczęśliwie się weekend zaczyna, więc zamierzam przez ten czas stać się **NAJWIĘKSZĄ ZNAWCZYNIĄ SERIALI W ŻYCIU DANIELA**. Może nie brzmi to zbyt dumnie, ale nie ja mu to imię wybrałam.

Czego to się nauczyłam przez ten weekend? Po pierwsze – te dzisiejsze seriale są rzeczywiście wciągające. Po drugie – **ŻYCIA NIE STARCZY, ŻEBY TO WSZYSTKO OGARNĄĆ**. Jak on to robi w ogóle? Nie sypia? Bo ja przyznam, że za bardzo przez te ostatnie noce nie spałam, a i tak udało mi się tylko obejrzeć *Fargo* i kawałek *Breaking Bad.* A jutro druga randka. Chyba będę oglądać w pracy. Muszę wiedzieć, czy Walter White w końcu umiera, czy nie, bo czeka mnie kolejna seria pytań przecież.

Tak jakoś wyszło, że wzięłam tydzień zwolnienia w pracy, udając ciężką chorobę, i oglądam seriale. Skończyłam *Breaking Bad* i teraz jadę ostro z *House of Cards*. On jest demonicznym politykiem, który po trupach pnie się do celu, w przerwach tłumacząc widzowi tajniki polityki, i to jest bardzo super. Jak poszła druga randka? Chyba okej, chociaż Daniel zapomniał portfela i musiałam za nas płacić. On jest taki roztargniony czasem! Widzimy się za tydzień. Do tego czasu stanę się kobietą serialem. Teraz mam w planie trzeci sezon *Fargo*, dla odmiany od tych politycznych machlojek.

Nie wiem, kiedy ten tydzień minął. Nie wiem też za bardzo, ile spałam i co jadłam. Odcinki *Fargo* są strasznie długie, ale ten trzeci sezon! Ewan McGregor grający brata Ewana McGregora! Na Boga, co tam się działo. Krew się lała strumieniami. Nie mogłam spać w nocy potem. Znaczy w sumie nie mogłam dlatego, że oglądałam dalej. A teraz się wkręciłam w *Daredevila*. Główny bohater jest przystojnym prawnikiem i niewidomym superbohaterem jednocześnie. Będzie o czym gadać z moim nowym facetem, na pewno już to widział.

Urlop niby mi się skończył, ale dla chcącego nic trudnego. W pracy zwolniło się miejsce pod oknem, więc ja myk, myk i zajęłam tę strategiczną pozycję. Słuchawki na uszy i lecimy. Nikt nie wie, że zamiast studiować tabelki w Excelu, oglądam serial. Daniel pytał, czy skoczymy gdzieś wieczorem, ale powiedziałam, że muszę skończyć sezon, bo za bardzo mnie wciągnął. Chyba mu zaimponowałam, bo przez chwilę miał minę, jakby chciał mnie pocałować. Ale zaraz znowu wpadł w ten swój słowotok i już prawie by mi zdradził zakończenie, gdybym mu w porę ust nie zamknęła. Co on, głupi? Ja nawet internetów unikam jak ognia, żeby mi przypadkiem ktoś nie sypnął spoilerem, a ten tu w biały dzień chce mi popsuć całą zabawę? Lepiej przez jakiś czas nie będę z nim gadać, bo potem mam w planie *Grę o tron*, a tam podobno jest tyle zaskakujących twistów fabularnych, że szok.

Jest czwarta w nocy. Albo rano, nigdy nie wiem. Leżę w pozycji sfinksa przed moim lapkiem, na którym oglądam seriale, i patrzę tępo w monitor. Właśnie skończył się kolejny odcinek i w ciemnym ekranie widzę tylko odbicie swojej twarzy. Aż się wystraszyłam. Wyglądam jak zombie, i to takie nadżarte przez innego zombie. Jak to się stało? Kiedy stałam się serialową ćpunką? Muszę przestać. Jak tylko skończę *Grę o tron*, oczywiście.

Sprzedam wam spoiler tej historii: skończyłam z serialami i z Danielem jednocześnie. To było tak.

Siedzimy w restauracji i nawijamy o *Grze o tron*. Zmęczyłam ją do końca i **WIEM O NIEJ, KURNA, WSZYSTKO, MOŻESZ MNIE PYTAĆ NA WYRYWKI, DANIELU**. Śmiało! W pracy jestem w dupie z robotą, z braku snu kręci mi się w głowie i chyba przytyłam parę kilo, bo przez ostatnie dni jadłam tylko szybkie, śmieciowe żarcie. **ALE Z SERIALAMI... Z SERIALAMI TO JA JESTEM NA BIEŻĄCO. EKSPERTKĄ JESTEM. PYTAJ, DANIELU!**

– Nie wydaje ci się, że ten serial tak trochę zatoczył koło? – pyta Daniel. – Tak jakby wszystkie te intrygi nie miały większego znaczenia, bo *status quo* zostaje takie samo jak na początku. Właściwie wiele wątków było zwyczajną stratą czasu...

DOKŁADNIE TAK SAMO POMYŚLAŁAM O SWOIM ŻYCIU, JAK DZIŚ O SIÓDMEJ RANO SKOŃCZYŁAM OGLĄDAĆ OSTATNI ODCINEK.

– Tak! Dobrze, że to już zmierza do finału. Chyba jeszcze tylko jeden sezon będzie? – pytam.

– Dwa. Ale wczoraj się dowiedziałem, że planują jeszcze pięć całkiem nowych seriali osadzonych w tym świecie. To będzie czad dopiero, posłuchaj... – Nie do końca słyszę, co do mnie mówi, bo w głowie dudni mi nieustannie: **„PIĘĆ CAŁKIEM NOWYCH SERIALI".** Kolejny miesiąc z życia, przez który jeszcze bardziej upodobnię się do żywego trupa. I to w imię czego, bo już w sumie zapomniałam? A, no tak...

– Posłuchaj, chyba nic z tego nie będzie – wypalam szybciej, niż pomyślałam.

– Z czego? – Daniel był właśnie w trakcie dłuższego wywodu na temat świata fantasy George'a R.R. Martina i wyraźnie zgubił wątek, bo patrzy na mnie jak na idiotkę.

– Z tego związku. Odkąd się spotykamy, nic innego nie robię, tylko seriale oglądam.

– Związku? Myślałem, że po prostu gadamy sobie o serialach.

– Co?

Nagle wszystkie wątki zaczynają mi się łączyć w głowie, zupełnie jak w odcinku, w którym okazuje się, dlaczego Hodor zawsze mówi „hodor". To dlatego się nigdy nie całowaliśmy! To dlatego płaciłam za obiad! **I TO DLATEGO WCZORAJ TAK SOBIE ZAŻARTOWAŁ, ŻE MA NARZECZONĄ.** Znaczy – myślałam, że żartował. Jednak na początku miałam rację – trzeba go było wyrwać na duży dekolt, jak Pan Bóg przykazał, a nie się wydurniać z tymi serialami.

W takich niezręcznych chwilach można się zachować na różne sposoby. Można na przykład obrócić całą sytuację w żart. Można też wszystko sobie wyjaśnić na spokojnie. Albo można zrobić to w moim stylu, czyli wstać od stołu i wyjść bez słowa. **JA NIE JESTEM DOBRA, JEŚLI CHODZI O KONWENANSE.**

No ale przyznacie, że ćwok i prostak z niego. Tyle seriali chciał mi zaspoilerować, a nie mógł mi zamiast tego łaskawie zdradzić, **ŻE WCALE, KURNA, NIE JESTEŚMY W ŻADNYM ZWIĄZKU**?

Za każdym razem to samo:
już myślisz, że znalazłaś
tego Jedynego… a on nagle wyskakuje
z tekstem, że może byśmy razem
zaczęli uprawiać jakiś sport.

PHI!
JAPKO
0,98 zł/kg
BIERE!
BEZ GLUTENU
JAPKO
4,50 zł/kg

Jak nie przechodzić na dietę bezglutenową (zwłaszcza gdy nie ma takiej potrzeby)

Mam takiego magika od kręgosłupa, który mnie czasem masuje i nastawia to i owo. Bardzo to sobie chwalę, bo jak się ma tyle lat co ja (czyli **TROCHĘ WIĘCEJ NIŻ DWADZIEŚCIA JEDEN**) i siedzi dziennie przed kompem tyle godzin co ja (czyli **TROCHĘ WIĘCEJ NIŻ OSIEM**), to – krótko mówiąc – **PLECY BOLĄ**. Dlatego bywam u niego częściej niż u fryzjera, co widać po moim gnieździe na głowie. Ma on jednak tę samą przypadłość co fryzjerzy – lubi rozmawiać podczas pracy, co w moim przypadku brzmi bardziej jak monolog przerywany od czasu do czasu różnymi: „mhm", „no" i „aha", bo jakoś nie umiem być rozmowna z twarzą w dziurze stołu do masażu. Tak że on o mnie wie niewiele, ja zaś z jego życiem jestem na bieżąco. Najnowszy temat to gluten.

Zaczął o nim opowiadać, jeszcze zanim się położyłam, więc po czterdziestu minutach masażu byłam już wtajemniczona w zasady bezglutenowej sekty. Nasłuchałam się o celiakii, otyłości i innych nowotworach. A że mnie równie łatwo przestraszyć nowotworem, co podniecić na myśl o schudnięciu, to łatwo to łyknęłam, nie powiem.

– Przede wszystkim odstaw pieczywo i makaron. W tydzień schudniesz kilogram, a już po jednym dniu lepiej się poczujesz – przepowiedział.

„Odstaw pieczywo i makaron" – przecież to żadna sztuka. Brzmi jak dieta cud. Zaczynam od jutra.

Stoję w piekarni jak co rano i patrzę tępo na sprzedawczynie. A one na mnie. A ja na nie. I tak sobie patrzymy. Trochę głupia sprawa przyjść do piekarni i sobie przypomnieć, że się właśnie zaczęło dietę bezglutenową. Mogłabym się po prostu obrócić na pięcie i wyjść, ale jak ja im spojrzę w oczy później? Musiałabym do końca życia zostać na tej diecie. Albo gorzej – chodzić do drugiej piekarni, która jest dużo dalej!

– Co pani podać?

Teraz już nie ma odwrotu. Wezmę jeden rogalik, to przecież grosze kosztuje.

– Poproszę… rogalik, ten z makiem…

– Proszę bardzo. Ile?

– Jeden…

– JEDEN?

– Siedem.

Nienawidzę swojej asertywności. Chociaż w sumie chyba ciężko nienawidzić czegoś, co nie istnieje.

– TOMEK, OTWIERAJ!

Tomek otwiera. Jego twarz mówi, że jest za wcześnie, aby w ogóle wydawać z siebie jakieś słowa.

– Masz, to dla ciebie. Jestem na diecie bezglutenowej i nie mogę tego jeść.

Wciskam mu torebkę z rogalikami i schodzę do siebie. Słyszę, jak bez słowa zamyka drzwi. Poranny Tomek to dobry Tomek, bo nie zadaje kłopotliwych pytań.

Okej, pora na śniadanie. Jak się niby je śniadanie bez chleba? Może płatki z mlekiem? Jadłam kiedyś płatki w dzieciństwie i były smaczne. Tak, to dobry pomysł. Byłby jeszcze lepszy, gdybym się nie spieszyła do pracy i **GDYBYM, KURNA, KUPIŁA PŁATKI ZAMIAST SIEDMIU ROGALIKÓW, KTÓRYCH NIE ZJEM**. Ja to jednak nie jestem normalna. Dobra, nie ma co sobie zaprzątać głowy pierdołami, skupmy się na tym, co jest. Mam kiełbasę suchą, masło, ser żółty i pomidora. Czyli idealny zestaw na kanapkę. Może zrobię kanapkę bez chleba? Przecież chleb to tylko jeden składnik, nawet nie nadaje szczególnie wyraźnego smaku, po prostu robi za podstawę dla reszty.

Układam plasterek kiełbasy na serze. Imponujące. Może posmaruję to masłem teraz. Posmarowane. Na to jeszcze raz kiełbasa i ser. No, na grubość to już prawie pół kanapki. Ciekawe, jak smakuje… Smakuje dokładnie jak kanapka bez chleba, czyli jak **OSTATECZNA ŻYCIOWA PORAŻKA**. Jutro muszę to mądrzej ogarnąć, żeby odzyskać jakikolwiek szacunek do samej siebie. Na razie lecę do pracy.

W robocie oczywiście zamawiają burgery. Banda obżartuchów. **CZY WY MACIE JAKIEKOLWIEK POJĘCIE O NOWOTWORACH? WIECIE, GDZIE WAS ZAPROWADZI TAKI TRYB ŻYCIA?** Nie wiedzą. Jak nie zamówię, to umrę z głodu niechybnie. Wiem! Po prostu zjem cały środek, a bułkę zostawię. Genialne. Najmądrzejsza dieta w historii.

Patrzą na mnie jak na idiotkę, ale przecież żadna to nowość. Grunt, że jest piętnasta trzydzieści, a ja nadal wytrwałam w swoim postanowieniu. **TO JUŻ PRAWIE CAŁY DZIEŃ DIETY, CO NIE?** Chyba mój rekord. Po pracy zrobię jakieś rozsądne bezglutenowe zakupy, żeby sobie zapewnić lekką, ale pożywną bezglutenową kolację. Dobry plan.

Zakupy były mało rozsądne, za to bardzo w pośpiechu, bo sobie przypomniałam, że dziś są skoki i z tej okazji wpadają do mnie kumple. Kupiłam płatki kukurydziane, jogurt i **PIWO BEZGLUTENOWE**. Nie wiem, w co trudniej mi uwierzyć: w to, że istnieje piwo bezglutenowe, czy w to, że je kupiłam. Życie mnie zaskakuje przez całe życie. Chyba będę musiała przez cały czas zasłaniać etykietę, żeby wyjść z twarzą. **DOBRA!** Niech się śmieją, ale to ja właśnie kończę udany dzień diety bezglutenowej i będę zdrowa i wiotka niebawem!

Jest pierwsza w nocy. Chodzę głodna po mieszkaniu i sprzątam po libacji. Odkładając torebkę po płatkach, które zjadłam na śniadanie, zauważam napis: „może zawierać gluten”.

Zamawiam pizzę.

Kobieta potrafi cieszyć się z niczego.

A potem wziąć z tym ślub.

Piękna, prawda?
Z Chin
Tak, jak wszystko

Jak zamówić rzeczy z Chin i się potem dziwić, że są chińskie

Czasami w życiu kobiety zdarzają się koszmarne sytuacje, kiedy potrzeba uzupełnienia garderoby zderza się z pustką portfela. I w takiej właśnie dramatycznej chwili doradzono mi zakupy na chińskiej stronie internetowej. „Czego się boisz?" – pytają. „Kupujesz to samo, co w polskich sklepach, tylko za jedną czwartą ceny. Źle ci z wyzyskiwaniem ludu pracującego Chin? Ty im chociaż płacisz bezpośrednio. A firmy negocjują jeszcze od tego ceny hurtowe i wciskają ci potem taką sukienkę za dwie stówy. Chińczyk i tak będzie biedny, a ty zaoszczędzisz".

Pozostałam bezradna wobec miażdżącej logiki argumentów. Wchodzę na stronę i szukam.

Po dwóch godzinach parskania śmiechem i plucia herbatą zamawiam:

1) „Sishot vintage suknie 2017 jesień czerwona suknia balowa zielony zwykły serek fioletowy three trzyćwierciowy rękawem royal niebieski mid-cielę retro dress";

2) „Lawenda Kryształ Druzy Rose Biały Fioletowy Quartz Rock Naturalny Punkt Chakra Healing Paciorek Gem Stone Wisiorek Naszyjnik Party Prezent";

3) „2017 koreański eksplozje wypoczynek rocznika sukienki jesieni fall kobiety cotton dress kratka sprawdź drukuj wiosna casual shirt dress mini";

4) „Nowe Letnie Kobiety Sexy Dorywczo Sukienka Bez Rękawów Slim Moda Bodycon Party Dress Vestidos Wzrosła Aplikacja".

No i w przypływie szaleństwa w ramach zmiany dekoracji łóżka:

5) „Poszewka MIŁOŚĆ Jego i Jej Boku Poszewka na Poduszkę Czysta Emulacji Bawełny Len Rzuć

Poduszka 18X18 Cali walentynki Prezent Ślubny obejmuje".

Ostatnie sto pięćdziesiąt złotych z mojego konta odpłynęło hen, hen do Chin. Ale nic to! TRZY sukienki, wisiorek i poszewki na poduszki za niecałe półtorej stówki? Toż to interes życia! Jak wygrana na loterii!

Do wypłaty będę żarła gruz.

PIĘĆ TYGODNI PÓŹNIEJ

Niewiele w życiu mnie już dziwi. Ale kiedy w skrzynce pocztowej zamiast ulotek z pizzerii znajduję paczuszkę, to się dziwię. Dopiero w windzie kojarzę fakty – nadawca: Long HuaXin Hu DaLangJie DaBanHuaTingLu ZhengGongXinYeYuan. I przypomina mi się moje sto pięćdziesiąt złotych, z którymi, zdawało mi się, pożegnałam się na dobre.

A więc jednak! A więc to działa! Rozrywam folię i jest! Zakup numer dwa. Wspaniały naszyjnik! Oryginalny amulet z kwarcu, który leczy i… yyy… trochę jakby brudzi palce…

Zanim otworzyłam drzwi do mieszkania, zagadka wisiorka została rozwikłana za pomocą skrobania pazurem. Świetnie. Kupiłam kamień na sznurku pomalowany sprejem.

Pozostałe paczki napłynęły do mnie w ciągu kilku dni.

Numer 5 – poszewki na poduszki są piękne. Natomiast strasznie kłują, więc nie można na nich kłaść głowy. Ani żadnej innej części ciała. Szczególnie gołej.

Numer 4 – sexy sukienka jest tak krótka, że jak zakładam buty, to mam gołe nerki. Nic to. Przecież kosztowała grosze. Będzie do spania.

Numer 3 – no super, śliczna kraciasta kiecka. Była. Na zdjęciu w internetach. To, co dostałam, to raczej koszula. No cóż. Zawsze się przyda taka koszula w kratę, przecież za grosze.

Czekam jeszcze tylko na zakup numer jeden. Zaczynam się tylko trochę niepokoić tym „mid-cielę" w nazwie...

Nigdy nie wychodź ze swojej
strefy komfortu.
Gdyby należało z niej wychodzić,
nie nazywałaby się strefą komfortu,
tylko **strefą wychodzenia**.

PRACA
URLOP

Jak się zmęczyć na wakacjach

Na pomysł wyjazdu wpadłam, kiedy z koleżanką z pracy siedziałyśmy w knajpie obok biura i dłubałyśmy w swoich „bezowych" obiadach. Jej „bezowy" obiad był bez glutenu, bez nabiału, bez cukru, bez konserwantów, bez barwników, bez smaku i bez sensu. Mój „bezowy" obiad wręcz przeciwnie: składał się z pizzy i kawałka tortu bezowego z malinami. I właśnie wtedy postanowiłam, że muszę uciec od tych wszystkich ludzi, którzy mnie tu tłamszą, i jechać do swojej duchowej ojczyzny. Pizza, makarony, wino, słoneczko… Tak wygląda szczęście! **WŁOCHY, NADJEŻDŻAM!**

Po wnikliwej analizie pozostałych dni urlopu do wykorzystania i stanu oszczędności okazało się, że raczej nie dwa tygodnie *all inclusive* w modnym kurorcie, ale dziesięć dni niskobudżetowej objazdówki z plażowaniem. Może i dobrze. Odwiedzę słynne miejsca, liznę trochę kultury i zobaczę kawałek świata. Odchamię się nieco.

Dzień 1

Pobudka o nieludzkiej porze. Gdybym wiedziała, że najpierw będzie scena z ukradzionymi bagażami i ostatecznie ruszymy z dwugodzinnym opóźnieniem, tobym się może wyspała. Ale pani pilotka wycieczki mówi, że nic nam to nie szkodzi, bo mamy zapas czasu. Dobrze wiedzieć, że biuro przewidziało, że już w Warszawie na dworcu nas okradną. Szkoda, że nie uprzedzili, że będziemy w żółwim tempie toczyć się przez pół kraju do punktu przesiadkowego, zaliczając po drodze wszystkie zaprzyjaźnione stacje. No bawię się świetnie. Dobrze, że obok mnie siedzi chociaż jakiś kulturalny człowiek w słuchawkach.

Dzień 2

Okazało się, że kulturalny człowiek w słuchawkach pojechał do Chorwacji. Obok mnie usiadła teraz starsza pani. Za mną ruda babka z córką. Mam nadzieję, że to jakieś ogarnięte dziecko. Całą noc jechaliśmy przez Alpy. Wszyscy chrapali, a ja jak na złość nie mogłam usnąć. Połamana po dobie podróży, marząc o ciepłym posiłku, kawie i prysznicu, zostaję wyrzucona w gorące objęcia Wenecji. A Wenecja w sierpniu śmierdzi. Płynąc gondolą, myślę tylko o tym, że jeśli wypadnę za burtę, to utopię się we włoskich ekskrementach. Miejscowy przewodnik opowiada nam śmieszną anegdotkę o Niemcu, który w to wpadł w zeszłym roku i już nigdy nie wypłynął. No bardzo zabawne. Pani pilotka w drodze do hotelu mówi, że czeka nas teraz włoski obiad. Ślinka mi cieknie na samą myśl. Okazuje się, że włoski obiad w wersji niskobudżetowej to niezidentyfikowana pacia z makaronem. Fajnie.

Dzień 3

Śniadanie podobno było lepsze, ale się nie dowiedziałam, bo zanim zeszłam, inne Polaczki wykradły moją porcję. Zwiedziliśmy Asyż, gdzie widziałam **KAWAŁKI**

LUDZI W GABLOTACH. Kiedy mówili „broda świętego", spodziewałam się raczej kępki włosów **NIŻ ŻUCHWY**. Relikwie to porąbana sprawa. Potem długa podróż do Pizy. Szczęśliwie dziecko za mną jest ogarnięte. Piza jest super. Stoi tu taka wieża i połowa turystów oblega ją, wyglądając jak zombie z uniesionymi rękoma, podczas gdy druga połowa robi im zdjęcia. A potem zmiana. Ubaw po pachy. Na kolację pacia z makaronem. Tym razem nawet chipsów nie dali, bo chyba pilotka naprawiła swoje językowe nieporozumienie.

Dzień 4

Florencja jest całkiem spoko. Byłaby nawet bardziej spoko, **GDYBY ROSŁY W NIEJ JAKIEKOLWIEK DAJĄCE CIEŃ DRZEWA**. Jestem cała zlana potem, a ubranie lepi mi się do ciała. Ruszamy w drogę do Rzymu. Zastanawiam się, jak dziecko za mną wytrzymuje z tą głupią rudą babą. Na kolację pacia z makaronem.

Dzień 5

Rzym jest fantastyczny. Już po 20 minutach przepychanki dobrnęłam do krawędzi fontanny di Trevi na tyle blisko, żeby walnąć selfie bez bohaterów drugiego planu. Jakaś pani w ferworze robienia zdjęć wpadła do wody, ale szczęśliwie jej ajfon ocalał, więc wszystko się dobrze skończyło. Połowa atrakcji była zamknięta. No i dobrze. Po przepychance przy fontannie i tak nie miałam siły na więcej. Na kolację idziemy całą grupą do włoskiej restauracji. Okazuje się, że będziemy jedli obiad dla Polaczków. Czyli pacię. Z makaronem.

Dzień 6

Zwiedzamy ruiny. Mam wrażenie, że słońce wypala we mnie dziury. I nogi mi odpadają. Dobrze, że jutro plażowanie w uroczej, malowniczej włoskiej wiosce. Wieczorne spacery. Pizza i wino. Bo dzisiaj oczywiście pacia z makaronem na kolację.

Dni 7 i 8

Malownicza wioska okazała się wielkim kurortem pełnym Niemców, bo oni akurat w połowie sierpnia biorą urlop i jadą nad morze. W końcu znalazłam lokal serwujący pizzę. Jest pyszna. **PRAWIE TAK DOBRA JAK TA W POLSCE NA TELEFON.** Warto było. Na plaży stoją miliony identycznych leżaczków, za które trzeba zapłacić. Faszyzm jakiś i rozbój w biały dzień. Leżaczki ciągną się kilometrami w równych rządkach i nie widać skrawka wolnej plaży. Po pierwszym dniu wszyscy jesteśmy spaleni. Kelner się z nas śmieje. Szczególnie z pary w podróży poślubnej – blondynki i rudego. Rudy jest tak spalony, że w nocy śpi zwieszony z żyrandola. Ale jest rudym w podróży poślubnej – to i tak jak wygrać na loterii. Mnie też wszystko szczypie, więc zakładam czerwoną, zwiewną sukienkę i wyruszam nocą w miasto ochłodzić się podczas romantycznego spaceru włoską plażą. Miasto jest jedną wielką, naćpaną dyskoteką. Czuję się staro.

Dzień 9

Wracamy do domu. Po drodze zahaczamy o San Marino. Pani pilot informuje nas, że nie bardzo jest tu co zwiedzać, za to zaprasza na degustację alkoholi. Mili właściciele nie tylko obiecują dostarczyć nasze zakupy ze sklepu wprost do autokaru, ale jeszcze dorzucają gratis skrzynkę trunków dla naszej pilotki. Jakie to miłe z ich strony. Wcale nie wygląda na przekupstwo czy coś w tym stylu.

Dzień 10

Nocą znów jechaliśmy przez Alpy. Nie mogłam spać, bo całe ciało mam poparzone. Tyłek i plecy strasznie mnie bolą od siedzenia w autokarze. Jestem głodna. Nagle przebłysk geniuszu: jeszcze z drogi dzwonię do mojej pizzerii i zamawiam pizzę na piętnastą. Och! Rozwalić się na kanapie, zdjąć stanik, buty… Może nawet wejść do własnej wanny! Do tego wino i pizza! Och! Tak wygląda szczęście! **MOKOTOWIE, NADJEŻDŻAM!**

Wino zawsze jest rozwiązaniem.
Nawet jeśli nie jesteś pewna,
jaki jest problem.

Jeśli czujesz się dziś szczupło,
to **nie schrzań tego i nie waż się**.

Patrzę na ciebie, **kotlecie**, tylko spróbuj mi sie przypalić
Widzę cię!
Okej, jak to robisz?

Jak zjeść pyszny niedzielny obiad – 20 prostych rad

1

Najpóźniej w piątek pomyśl, co najlepiej zjeść w niedzielę i dlaczego akurat schabowe i mizerię.

2

Zadzwoń do matki i spytaj, co musisz kupić, żeby to ugotować. Wysłuchaj czterdziestominutowej tyrady o tym, że mięsa się nie kupuje w supermarkecie, bo czym oni to faszerują.

3

Znajdź dostawcę ekomięsa i ekoogórków. Zmarnuj całą sobotę na zakupy. Dźwigając siaty do domu, przeklinaj w duchu i obiecuj sobie, że od tej pory tylko zakupy przez internety.

4

W niedzielę zabierz się do gotowania od razu po śniadaniu. Znajdź przepisy w internecie. Ponieważ „przepis na schabowe" ma ponad 600 tysięcy wyników w Google'u, zadzwoń do matki po jedyną słuszną recepturę.

5

Wyśmiej matkę i jej teorię, że ogórki trzeba obierać od jasnej strony i zostawić na minimum godzinę, żeby się „zmizerowały".

6

Sprawdź w internetach, czy matka jednak nie miała racji. Przez dwie godziny czytaj fora, na których ludzie podzielili się na obozy: „Słodzący Ogórki" i „Nie Dla Cukru!". Patrz, jak obrzucają się błotem.

7

Obierz i pokrój w końcu te ogórki.

8

Obierz ziemniaki.

9

Mięso pokrój w poprzek włókien.

10

Zadzwoń do matki, żeby spytać, co to znaczy: „w poprzek włókien".

11

Oczywiście, że nie masz tłuczka do mięsa. Znajdź coś innego i wal jak każdy sąsiad.

12

Pozbieraj kawałki mięsa. Spróbuj je teraz trochę skleić, obtoczyć w jaju i bułce tartej.

13

Ugotuj ziemniaki. W wodzie.

14

W międzyczasie dopraw ogórki octem, solą, pieprzem i polej śmietaną, jak kazała matka.

15

Nie da się cofnąć wlewania octu. Po prostu się nie da.

16

No nie i już!

17

Zdrap mięso z patelni. Teraz pora spalić drugą stronę.

18

Otwórz okno w kuchni i wietrz. Jednocześnie szukaj telefonu do pizzerii.

19

Otwórz wino.

20

Żując pizzę, zadzwoń do matki. Powiedz jej, że obiad jest pycha.

Co cię nie zabije, to cię wzmocni.
Łóżko jeszcze chyba nigdy
nikogo nie zabiło.

START
WYŚCIG SZCZURÓW
Wygląda na to, że spóźniłam się na **wyścig**
START
WYŚCIG SZCZURÓW
No trudno, **co zrobić**

Jak nie robić kariery

Żyjemy w takich czasach, że zwyczajnie **NIE WYPADA** pracować gdzieś dłużej niż trzy lata. Ludzie zmieniają pracę jak rękawiczki, skaczą po stanowiskach jako te pszczółki z kwiatka na kwiatek. Zwalniają się albo są zwalniani. Byle dalej, byle w górę. Kariera. Postęp. Wyścig szczurów.

A ja tu sobie siedzę i patrzę w Excela już trzeci rok. Nigdy nie planowałam się tym zajmować na dłużej, to miało być tak tymczasowo. Moja poprzedniczka zaszła w ciążę i szybko potrzebowali zastępstwa na jej miejsce. Potem okazało się, że sobie całkiem dobrze radzę, a ona zajęła się byciem szczęśliwą mamą i stwierdziła, że – cytuję – „w życiu nie wróci do tego Mordoru”.

Od czasu do czasu ją wspominam i nachodzi mnie taka myśl, czy nie powinnam się zastanowić nad swoją przyszłością. Znaczy nie, że zaraz dzieci, ale może bym tak rozpostar... rozpostrze... **ROZWINĘŁA SKRZYDŁA** i wzniosła się do lotu ku karierze? No i nie oszukujmy się, może dla odmiany bym zarabiała trochę więcej niż tyle, że ledwo starczy od pierwszego do pierwszego? Znajomi zza biurka co chwila mi mówią, że się tu marnuję. A potem idą sobie do innej pracy i mnie tu zostawiają. Dranie.

Tylko co ja mogłabym niby robić, jak ja umiem tylko w te cyferki (i to nie bardzo)? Kiedyś całkiem ładnie rysowałam. W szkole byłam dzięki temu popularna, kolejki się do mnie ustawiały po portrety. Kiedyś też umiałam pisać zgrabne teksty, przynajmniej tak twierdziła moja polonistka.

Kiedyś...

KIEDYŚ W OGÓLE WSZYSTKO BYŁO JAKIEŚ ŁATWIEJSZE I BARDZIEJ OCZYWISTE. Wszystko wiedziałam: co robić, czego nie robić, teraz praca domowa, potem czas wolny. Otwarte karty, ustalone zasady gry. Przecież ja byłam najlepszą uczennicą w klasie! Dopóki znałam zasady. A teraz? Teraz ani nie wiem, w czym jestem najlepsza, ani nie wiem, po co mam być. Nie wiem, dokąd zmierzam, nikt mi nie powiedział. To chyba ta sławna „dorosłość", którą mnie straszono przez całe dzieciństwo.

Dobra, koniec tego melancholijnego przynudzania, pora wziąć przyszłość w troki i dupę w swoje ręce! Czy jakoś tak. Nie będę przez całe życie patrzeć w Excela!

Tylko… Co będę robić? No to rysowanie chociażby! To mnie zawsze kręciło. Ale co? Zostanę nagle malarzem? I kto kupi te moje obrazy niby? Oczywiście mogę też malować dla samej sztuki, to bardzo romantyczne, ale obawiam się, że umrę z głodu gdzieś w okolicach drugiego dzieła. Ja sporo jem. I wolno rysuję.

Są zawody związane z rysowaniem – grafik na przykład. Designer. Art director. Tylko że – jak już się dowiedziałam przy okazji remontu łazienki, który się nie odbył – ja nie rozróżniam kolorów. Ale Fotoszopa trochę ogarniam, zresztą kiedyś próbowałam swoich sił w tym zawodzie, tylko – że tak powiem obrazowo – od dupy strony. Może jakbym aplikowała na jakiegoś początkującego junior grafika, tobym się z czasem nauczyła wszystkiego w praktyce? Od czegoś trzeba zacząć.

Co ja tam jeszcze potrafię…? Pisać bym mogła! Ja lubię pisać, jak pewnie zauważyliście. Ale tu sytuacja podobna – albo jesteś pisarzem i przymierasz głodem, licząc na bestseller, albo jesteś kopirajterem i ciułasz clickbaitowe nagłówki o niczym na jakimś biedaportalu informacyjnym. **TO JUŻ CYFERKI W EXCELU SĄ CIEKAWSZE.**

No właśnie – dlaczego ja tak narzekam na swoją robotę? Może powinnam spróbować kariery w zawodzie? Może właśnie dlatego kończyłam rachunkowość na studiach (a nie dlatego, że akurat tylko na te studia się dostałam)? Kto wie? Przeznaczenie jest niezbadane!

Jedno jest pewne: w mojej firmie zawrotnej kariery księgowej raczej nie zrobię. Musiałaby odejść moja gruba przełożona, a ona jest dosyć… no, nie do ruszenia. Do końca życia będę siedzieć z nosem w tabelkach, jeśli będę pod nią pracować. Nie ma innej rady – muszę zmienić robotę. Czyli postanowione – szukam pracy w księgowości i grafice. I zobaczymy, co się stanie!

To już miesiąc mija, jak założyłam konta na różnych Goldenlajnach i Pracujpeelach. Mam dwa ładne CV – jedno pod księgowość, drugie pod grafikę – nic, tylko mnie zatrudniać! A tu zero odzewu. Profil „graficzny" już dawno przestałam przeglądać, bo dostaję tam tylko propozycje w rodzaju: „zatrudnię kelnerkę", „rozdawanie ulotek w centrum", „dorywcza praca dla studentów – wprowadzanie danych". Chwilę mi zajęło zrozumienie, że wszystkie te oferty mają w treści: „elastyczny grafik", a ja wpisałam „grafik" jako pożądane stanowisko pracy i jakiś algorytm nas połączył. Te zautomatyzowane systemy internetowe to jest jakiś żart marny!

Na koncie „księgowym" nie dostałam natomiast żadnej odpowiedzi. Aż do dziś. Napisał do mnie facet, że potrzebuje „damy do towarzystwa". Najpierw myślałam, że to głupi dowcip, ale zaraz odezwał się ponownie i był cholernie poważny. **NO TO TERAZ MNIE**

JUŻ ZWYCZAJNIE OBRAŻA! I co to ma wspólnego z księgowością, do cholery? Głupi ćwok.

A może to ja głupia jestem? Może coś nie tak w życiorysie napisałam? Tak jak z tym elastycznym grafikiem? Pomyślmy na spokojnie, zanim zaczniemy typa wyzywać od męskich szowinistycznych świń. Chwileczkę... Pisałam, że w rachunkowości pracuję trzy lata. Że znajomość Excela doskonała (no, trochę mnie tu poniosło). Że mam prawo jazdy. Że angielski na poziomie podstawowym, ale za to „biegle władam francuskim i już nieraz dzięki temu zaspokoiłam oczekiwania mojego szefa na delegacji". I że jakieś szkolenia kiedyś porobiłam i mam certyfikaty...

ZARAZ, CO? Naprawdę napisałam, że **WŁADAM FRANCUSKIM I ZASPOKAJAM SZEFA**?

Okej, co do jednego miałam rację: na kopirajtera to ja się nie nadaję na pewno.

Potrawy, które mają sto kalorii:
pieczone handlowe, 14 migdałów,
serek wiejski, lampka wina…
OK, mamy zwycięzcę.

Od zawsze **fascynowało** mnie rozdawanie ulotek.
Lubię **ryzyko** i tę **adrenalinę**, kiedy dajesz komuś ulotkę i nie wiesz: weźmie czy nie.
Uwielbiam też **moknąć w deszczu**.

Jak się zbłaźnić na rozmowie kwalifikacyjnej

Ludzie, cud! Ktoś odpisał na moje zgłoszenie do pracy. I tym razem to nie jest ani anons towarzyski, ani dorywcza fucha dla studentek! To zupełnie poważna oferta! Etat dla początkującej księgowej, możliwość rozwoju, w perspektywie awans, szkolenia, multisporty, a przede wszystkim – pieniądze prawie dwa razy większe niż te, co teraz zarabiam. **I SAMI DO MNIE NAPISALI**, bo im się moje CV spodobało! To jest to! To jest mój moment! Jestem umówiona na rozmowę kwalifikacyjną na pojutrze! Ostatnio chyba byłam tak podjarana w dzieciństwie, jak mama mi kupiła pierwszego w życiu pączka z kremem budyniowym (tak, kolekcjonuję takie wspomnienia).

Ale super! Ale super!

Ale strasznie! Jezus Maria!

PRZECIEŻ JA W ŻYCIU NIE BYŁAM NA ROZMOWIE KWALIFIKACYJNEJ! Co tam się robi? Co się mówi? Jak się wygląda? Internety, pomóżcie!

Internety pomagają. Cały wieczór spędziłam na czytaniu poradników w stylu *Jak zabłysnąć na rozmowie kwalifikacyjnej* czy *Rozmowa o pracę – najważniejszy egzamin w życiu*. A młodzi ludzie się maturą przejmują. Nawet nie wiedzą, co ich czeka później! Przestudiowałam multum hipermotywujących tekstów okraszonych stockowymi zdjęciami z ludźmi o śnieżnobiałych uśmiechach. W głowie mi dudnią slogany: „Bądź naturalna!", „Bądź sobą!", „Chyba że jesteś nieciekawą osobą, to wtedy **BĄDŹ KIMŚ INNYM!**". Okej, niech się dzieje, co chce. W najgorszym razie umrę na tej rozmowie ze stresu i po prostu będę miała to już z głowy.

Oszczędzę wam szczegółów wystroju siedziby firmy, do której aplikowałam (była ładna), oraz tego, czy mój rozmówca był przystojny (był). Było ich dwoje nawet. To jest zawsze najgorsze, wtedy czuję, że mają nade mną przewagę liczebną, kark mi sztywnieje ze stresu i zapominam języka w gębie.

W sumie jak teraz wspominam tę rozmowę, to wyglądała jak jakiś *Latający cyrk Monty Pythona*. **MAM NIEJASNE PRZECZUCIE, ŻE MÓGŁ TU ZAWINIĆ TEN „ŁYK LUB DWA" CZYSTEJ NA ODWAGĘ**, których nie omieszkałam wychylić tuż przed wejściem do firmy. Albo to po prostu mój wrodzony talent do zrażania do siebie ludzi.

Rozmowa przebiegała mniej więcej tak:

– Dzień dobry, nazywam się… – mówi mój potencjalny przyszły przełożony, ale jego imię i nazwisko zapominam już w momencie, kiedy je wypowiada. Po pierwsze dlatego, że nie mam pamięci do imion, a po drugie, jego urocze dołki w policzkach za bardzo przykuły moją uwagę, żebym miała zaprzątać sobie głowę takimi bzdurami.

– A ja… – równie niezapamiętywalnie przedstawia się jego nieznośnie szczupła towarzyszka. Takie to wstydu nie mają. Jak ja teraz przy niej wyglądam? **JAK JA TU MAM BYĆ SOBĄ, SKORO JESTEM TŁUSTYM PĄCZKIEM?** Z kremem budyniowym.

– B-bukowa – dukam.

– A imię pani jakieś posiada? – żartuje sobie facet o nieznanym imieniu i nazwisku. Uśmiechnął się i teraz jeszcze bardziej widać te dołeczki!

– Posiadam – odpowiadam rezolutnie.

Szczęśliwie uznał to za dobry żart i przeszedł dalej. **JAK BOGA KOCHAM, ZAPOMNIAŁAM, JAK MAM NA IMIĘ.**

– Dobrze. – Uśmiech nie schodzi z jego twarzy. – Proszę nam na początku powiedzieć, dlaczego chce Pani u nas pracować.

– Bo potrzebuję piniendzy. – Nie wierzę, że powiedziałam to na głos.

Facet o nieznanych danych osobowych znowu się śmieje. W internetowych poradnikach kazali być szczerą i od czasu do czasu błysnąć poczuciem humoru. No to chyba właśnie załatwiłam obie te rzeczy naraz. Niestety, chuda zołza najwyraźniej nie zna się na żartach – widzę, jak żyłka na jej skroni zaczyna dziwnie pulsować.

– Ale tak naprawdę. Czemu akurat my? – pyta takim głosem niby łagodnym, ale nieznoszącym sprzeciwu. **JAK NA NIĄ PATRZĘ, TO W SUMIE NIE WIEM, CZEMU AKURAT ONI.** Poza tym, że nikt inny mnie nie chciał, oczywiście.

– Chcę pracować w księgowości i się rozwijać, a moja obecna firma nie daje mi takich możliwości. – Chciałam dodać: „proszę pani", bo poczułam się jak na odpowiedzi ustnej w liceum, ale ugryzłam się w język w ostatniej chwili.

Dosłownie. Teraz mnie boli jak cholera. Czuję, że mi oczy łzawią.

– Wszystko w porządku? Zrobiła się pani czerwona – zauważa chuda zołza.

– Tak, oczywiście, to tylko atak ślepej kiszki, zaraz mi przejdzie.

CO JA GADAM, DO CHOLERY? Teraz dla odmiany oni pobledli.

– Atak ślepej… Chyba powinna się pani zgłosić do szpitala… – mówi niewyraźnie facet bez imienia i nazwiska. – Wyrostek robaczkowy to poważna sprawa…

Nastała niezręczna cisza. Chyba czekają na odpowiedź. **ZMIEŃ TEMAT, KOBIETO. POWIEDZ COKOLWIEK.**

– Oglądał pan skoki wczoraj? Ale się ten Słoweniec wypierdzielił!

MOGŁAŚ POWIEDZIEĆ COKOLWIEK. DLACZEGO WŁAŚNIE TO?

– Nie, nie jestem kibicem… – odpowiada nieśmiało, ale chuda mu niegrzecznie wchodzi w słowo:

– Mam ostatnie pytanie do pani…

Ooo, ostatnie pytanie, nieźle mi poszło chyba, zaraz będzie po wszystkim! Czuję, jak kark mi się rozluźnia.

Jeszcze chwila i zaraz będę w domu. Z winkiem. I kocykiem. Dalej, kobieto, pytaj śmiało!

– Proszę wymienić swoje trzy największe wady.

No teraz to się już całkiem odblokowałam.

– O, droga pani, dnia nie starczy, żeby wymienić! Jestem strasznie leniwa przede wszystkim. Zawsze się spóźniam do pracy. A jak już dotrę, to ciężko mi się na niej skupić… Jak by to ująć… problemy z koncentracją uwagi, o! To też wada, prawda? No a poza tym… Ciężko mi się nawiązuje nowe kontakty. Chyba, że się napiję, to wtedy ho, ho! Aż za łatwo! Gadam jak potłuczona wtedy. Pamiętam, jak kiedyś na egzaminie na studiach nawijałam przez piętnaście minut, co mi ślina na język przyniosła, i nikt mi nie zdołał przerwać, żeby powiedzieć, że mówię zupełnie nie na temat. Ach, studia, to były zabawne czasy! No ale wracając do pytania…

Powstrzymuję na chwilę swój słowotok i patrzę na rozmówców, żeby sobie przypomnieć, jakie właściwie było pytanie. Niestety, ich widok mi w tym nie pomaga. Facet o nieznanym imieniu i nazwisku płacze ze śmiechu, a chuda zołza jest tak blada, że w Kastoramie określiliby ją co najmniej jako „czar alabastru".

Nie mam pojęcia, co było dalej. Chyba padło jakieś: „zadzwonimy do pani". Jak wypadłam, pytacie? Powiem tak. Chuda zołza nie zadzwoniła.

Zadzwonił facet. Jesteśmy umówieni na randkę. Niby szukałam pracy, **ALE TO TEŻ MOŻE BYĆ**.

Może tym razem się dowiem, jak się nazywa.

Dobrze, że lodówka i komputer stoją
w różnych pomieszczeniach.
Zawsze to jakiś ruch.

Dobrze tak zaczerpnąć
świeżego powietrza

Jak zapewnić sobie kontakt z naturą i potem tęsknić za cywilizacją

Ostatnio naczytałam się książek Petera Wohllebena. Tych tam o sekretnym i duchowym życiu drzew i zwierząt. Ależ cudowności! I mnie tak natchnęło, że ja całe lata już w lesie nie byłam. A tam tyle życia się dzieje! Spokój, cisza, kontakt z naturą… tego mi trzeba! Jadę do lasu!

Początkowo miałam się wybrać sama, żeby tą ciszą się napawać, ale potem mi się przypomniało z tych książek, że taki niedźwiedź to może człowieka nawet zjeść, i pomyślałam, że może jednak nie. Co prawda drugi człowiek z tej książki też został zjedzony przez niedźwiedzia, ale zawsze to raźniej we dwoje.

Zatem dzwonię do Mojego Faceta i mówię: „Adrian! Jedziesz ze mną w sobotę do lasu?". Tak, facet z rozmowy kwalifikacyjnej ma na imię Adrian, w końcu udało mi się zapamiętać. Byliśmy już na kilku randkach i jak dotąd wszystko gra i iskrzy. No więc ja go tak pytam, a On na to: „A to trzeba aż do lasu od razu? Może na szafkach kuchennych najpierw spróbujemy?". I ja w takich właśnie momentach czuję, że to **ON** – moja druga połówka jabłka (czy pomarańczy, czy tabliczki czekolady, jak kto tam woli), yang dla mojego yin, bita śmietana dla moich truskawek, kieliszek na moje wino. I mówię mu: „Nie. Szafki kuchenne to wieczorem. A w dzień się z przyrodą zbratajmy". I w sobotę się stawiamy oboje bladym świtem (o dziesiątej trzydzieści) na przystanku autobusowym. I ruszamy za miasto. Na łono natury. Ahoj, przygodo!

Autobus się tłucze i tłucze po przedmieściach i wioskach, ja sprawdzam, czy mam aparat, żeby fotografować faunę i florę w całym ich przepychu, a On mnie pyta po raz setny, czy na pewno jadę do lasu w tych butach (nie wiem, o co mu chodzi, bardzo wygodne). Wyjątkowo ciepły mamy wrzesień, więc atmosfera w autobusie jest gęsta, lepka i obfitująca w zapachy.

Wszystko się klei, tylko rozmowa coś nie, więc rzucam ciekawostki ze świeżo przeczytanych książek. Żeby nie zapomniał, że jestem nie tylko piękna, ale też inteligentna i oczytana.

– A wiesz, że niedźwiedzice się bzykają z każdym napotkanym samcem? W ten sposób każdy myśli, że jest ojcem jej niedźwiadka, i go nie zabija – rzucam błyskotliwie.

– A wiesz, że w takim razie moja sąsiadka z drugiego jest niechybnie niedźwiedzicą? – odpowiada On i się oboje zaśmiewamy, choć myślę sobie: „ha, ha, ha, bardzo to śmieszne, ale jak ona się bzyka z każdym napotkanym samcem, a Adrian jest przecież samcem, który na dodatek ją zna, to chyba jakiś foch forever powinnam urządzić".

I tak na wesołych pogaduszkach mija nam droga. Autobus wypluwa nas pod lasem. Ruszamy dziarsko.

– A wiesz, że **BUKI** są zdolne do przyjaźni i nawet potrafią się wzajemnie karmić? – postanawiam zabłysnąć kolejną ciekawostką.

– Właśnie mam takie wrażenie, że **BUKI** są najlepsze – odpowiada bez zastanowienia.

Dobrze. Prawidłowa odpowiedź. Cofam focha.

– Szkoda, że ich tu nie widać. Prawie same sosny z brzózką czy dębem gdzieniegdzie.

Pfff! Znawca drzew mi się trafił. Dobrze. Zachowam swoją obszerną wiedzę z dwóch książek dla siebie.

Jest pięknie. Zieleń poprzetykana już żółcią i wrzosami, słońce przedziera się przez gałęzie, świeże powietrze daje odetchnąć… tylko komary strasznie tną. Ale nic to. Idę sobie za rękę z moim Ukochanym. Przez las. Pięknie jest!

Tyle że ja chciałam nie tylko florę, ale też faunę zobaczyć. Te zwierzęta. Niby jakieś ptaszki widziałam, ale za małe i za daleko, żeby jakąś książkową anegdotkę z pamięci wydobyć.

– Och! Gdzie te zwierzęta, no? Dziki, borsuki, jelenie czy coś?

– Dzika to akurat wolałbym nie spotykać. Ale patrz: wiewiórka.

I obejmuje mnie ramieniem, i patrzymy na rudego, czarnookiego zwierza, jak się skrada, robiąc zapasy na zimę i kołysząc puchatym ogonkiem. I w tym momencie trzy myśli rozpoczynają walkę o pierwszeństwo w mojej głowie:

1) Wiewiórek to ja mam akurat od cholery w Warszawie. I nie trzeba ich specjalnie wypatrywać, same podchodzą na żebry. Po co mi ten las był?

2) A w ogóle to z nich są wredne gnidy, które zżerają małe, bezbronne pisklaczki w gniazdach. I mama wraca z robaczkiem, a tu maleństwo schrupane przez gryzonia. Pierdzielone, głupie rude szczury z ogonami!

3) Coś mnie tnie w stopy z każdej strony. Sandały to jednak nie najlepsze buty do lasu.

Myśl trzecia nagle wygrywa i staje się pierwszą i jedyną. Zagapiliśmy się na wiewiórkę i podeszliśmy za blisko mrowiska. A to nie jakieś minimrówki parkowe. To istne mrówcze kombajny nam po nogach zasuwają. Zaczynam piszczeć, biec i skakać, a potem przypomina mi się, że **KRZYK PODSYCA AGRESJĘ**

W DRAPIEŻNIKACH. Zatem biegnę w ciszy. W życiu tak szybko nie uciekałam jak z tego lasu na przystanek, modląc się, żeby za nami nie było niedźwiedzia. A co, jeśli naprawdę za nami biegnie dzika bestia? A co, jeśli mi właśnie zeżarła Mojego Faceta? Moją połówkę pomarańczy świeżo odnalezioną? Taką jeszcze nic niewyciśniętą prawie?

Zatrzymuję się na skraju lasu i obracam. Adrian truchta za mną.

Aha – myślę sobie. – To teraz mnie wyśmieje, że panikara, ha, ha, ha, żarcikom nie będzie końca. Mógł go zeżreć ten niedźwiedź. Byłby spokój.

A On nic! A On tylko:

– To co? Wracamy? Starczy ci łona natury?

– Zdecydowanie starczy.

– Może teraz wino i szafki kuchenne? Muszę sprawdzić, czy nie masz kleszcza w żadnym zakamarku.

I On tak do mnie mówi, i ja wiem, że to jest właśnie Miłość.

I postanawiam, że jednak mu powiem:

– A wiesz, że mrówki potrafią wyczuwać aktywność wulkanów?

No przecież nie po to przeczytałam aż dwie książki, żeby teraz nie błyszczeć wiedzą!

Gdyby sarkazm spalał kalorie,

byłabym modelką.

Wszystkie oszczędności lokuj w alkoholu. Wtedy są **najwyżej oprocentowane**.

Brajanku! Zostaw panią!
No dobra. Masz, **Brajanku**
Już wystarczająco cię rodzice skrzywdzili

Jak nie dawać dzieciom na imię

Nie chcę być niepoprawną optymistką, ale z Adrianem coś podejrzanie nieźle idzie. Jesteśmy ze sobą **JUŻ CZTERY MIESIĄCE** (niecałe), co chyba stanowi mój rekord, i to zostawiający konkurencję daleko w tyle. Wiem, że to za wcześnie, ale na wszelki wypadek myślę już o tym, jak będzie wyglądał nasz ślub, ile będziemy mieli dzieci i jakie imiona im damy. Imię dziecka to bardzo ważna sprawa, lepiej pomyśleć o nim zawczasu, niż się potem niemiło rozczarować.

Wiadomo, że żadne Brajanki ani Dżesiki nie wchodzą w grę. Ale ze swojskimi Haniami i Stasiami to też słabo, bo ostatnio moda na nich zapanowała, zawołasz takiego z podwórka i przybiega cała drużyna piłkarska. A poza tym imię musi jeszcze pasować do nazwiska. No bo co z tego, że wymyślisz fajne imię, takie w sam raz, nieprzesadzone, ale też nie nazbyt pospolite, skoro się okaże, że w duecie z nazwiskiem brzmi jak jakieś nieporozumienie? Miałam kiedyś znajomą, która nazywała się Rozkosz, i wyszła za faceta o nazwisku Tutaj. A dziecku chcieli nadać oba nazwiska i jeszcze imię Tania. Dopiero jak oboje powiedzieli na głos: „Tania Rozkosz-Tutaj", to się zaczęli zastanawiać, czy na pewno są dla siebie stworzeni.

Ale to, żeby potomek nosił nazwiska po obojgu rodzicach, to jest fajny i **SPRAWIEDLIWY** pomysł, uważam. Tylko teraz tak: załóżmy, że będziemy mieli synka. Jasia. Adrian ma na nazwisko Las po ojcu Holendrze. Jaś Bukowy-Las… Jaś Las-Bukowy…

A narzekałam na mojego byłego-niedoszłego, że miał na imię Daniel… Co ja mam z tym zrobić w ogóle? Bukowa i Las to najgłupsza zbitka wyrazów w historii. No, może z wyjątkiem: „Rozkosz-Tutaj". Dzwonię do Mojego Faceta.

– Halo, Adrian?

– Cześć, piękna.

– Ty mnie tu nie rozpraszaj, bo ja dzwonię w **BARDZO WAŻNEJ SPRAWIE: DLACZEGO TY MASZ NAZWISKO PO OJCU**?

– Co? Nie wiem, to taki zwyczaj chyba, co nie?

– Nie! To niesprawiedliwe jest i staromodne. I seksistowskie. Weź sobie zmień na nazwisko panieńskie matki. Jak się nazywała przed ślubem?

– Maria Nalewka.

– Słucham?

– Tak, gdybyśmy wzięli ślub, nazywałabyś się Bukowa-Nalewka.

– CO? JAKI ŚLUB? JA O ŻADNYM ŚLUBIE NIC NIE MÓWIĘ PRZECIEŻ. TSZZZZZZ WJECHAŁAM W TUNEL, STRACIŁAM ZASIĘG, NIC NIE SŁYSZĘ!

Nie zmieniam nazwiska w ogóle, to pewne. Dzieci też mieć nie będziemy. On ma holenderskie geny, jeszcze mu przyjdzie do głowy nazwać syna Helmut. Czy jak oni się tam nazywają w tej Holandii, nie wiem.

I co on z tym ślubem, czy on jest poważny? **TO DOPIERO CZTERY MIESIĄCE NIECAŁE!**

Suknię to będę miała białą, koronkową, ze sznurowanym gorsetem, dekoltem w serduszko i dziewięciowarstwową tiulową spódnicą. I kwiat we włosach! A wesele urządzimy na statku, coby akcentu holenderskiego nie zabrakło.

Jeśli czegoś nie wolno,
a bardzo się chce,
to można.

Jeden **sens życia** poproszę
Już podaję
SENS ŻYCIA
SENS ŻYCIA

Jak żyć...?

Wielu ludzi pyta mnie, co tak naprawdę się liczy w życiu. No, w sumie to niewielu. Właściwie to nikt. I bardzo słusznie – bo nie wiem. Ale jakby mnie ktoś spytał, tobym powiedziała, że najważniejsze to mieć jakieś hobby. Trochę tak jak w *Chłopaki nie płaczą* – odpowiedz sobie na pytanie, co chcesz w życiu robić, i zacznij to robić. Ale też nie do końca tak. Bo nie chodzi o to, żeby się z dnia na dzień zadeklarować na konkretne zajęcie, podpisać cyrograf i do śmierci robić wciąż to samo. Raczej o to, żeby robić to, czego się chce **TERAZ**. Bo później może się okazać, że to już wcale nie jest takie fajne, jak było. Dopiero co myślałam, że moim życiowym hobby jest oglądanie *Czarodziejki z Księżyca* na Polonii 1, a dziś się okazuje, że nie tylko nie ma już Polonii 1, ale też japońskie bajki dla dzieci mnie już nie kręcą. W każdym razie nie aż tak, jak w drugiej klasie podstawówki.

To jest pierwsza dobra wskazówka. Nie przykazanie, nie zasada – wskazówka. Druga brzmi tak: jeśli zdecydowałaś się coś robić i to nie działa, to nic nie szkodzi! Te wszystkie obrazki z motywacyjnymi hasłami na Fejsbuku, które codziennie widzisz, to brednie: „Postaw sobie cel i dąż do niego mimo przeciwności i bólu". A pewnego dnia powiedz sobie: „No, wszystko mnie boli, ludzie mnie nienawidzą, ale osiągnęłam to, co chciałam. Tylko na co mi to było właściwie, bo już nie pamiętam?". To najgłupsza recepta na szczęście, jaką sobie można wyobrazić. O wiele lepiej jest wiedzieć, co mniej więcej chce się robić, ale jeśli w praktyce wychodzi coś innego, co też jest fajne, to nie odrzucać tego tylko z tego powodu, że nie pasuje do pierwotnego założenia. Plany to przereklamowana sprawa.

Miałam kiedyś plan, żeby założyć własny biznes – zamiast tego poznałam moją Najlepszą Przyjaciółkę.

Miałam plan, żeby zostać modną instagramerką – zamiast tego zaczęłam wrzucać śmieszne obrazki do internetów i zyskałam wielu sympatyków. Miałam plan, żeby pracować zdalnie – zamiast tego poznałam Leszka od Pizzy, który do dziś jest moim dobrym kumplem. Miałam plan, żeby zacząć robić zakupy według listy, a zamiast tego wysłałam mojemu szefowi SMS-a o treści **„MASZ JAJA DUŻE"**, co – po wyjaśnieniach – niespodziewanie uznał za najśmieszniejszą anegdotkę na świecie, i od tamtej pory jestem jego ulubienicą w firmie. Miałam plan, żeby się lepiej wysypiać – zamiast tego poznałam zajebistych ludzi z ławeczki na podwórku (nazywam ich Klubem Osiedlowym). Miałam plan, żeby się odstresować za pomocą kolorowanek – zamiast tego odkryłam w sobie zdolność do asertywności, pierwszy raz w życiu. Miałam w końcu plan, żeby znaleźć nową pracę, a znalazłam mojego obecnego faceta.

Jest takie znane powiedzonko, które mówi, że „jeśli los daje ci cytryny, to rób lemoniadę". Rozwinęłabym tę głęboką myśl do takiej: „Jeśli los daje ci cytryny, to rób lemoniadę, a jeśli zamiast tego wychodzi ci cytrynówka, to nawet lepiej!".

A Adrian będzie mi się oświadczał chyba. I co ja, nieboga, za mąż wyjdę? Panią zostanę? Tego też nie planowałam przecież, ale w sumie: czemu nie?

Pani Bukowa.

To brzmi dumnie.

C Y T A T Y   Z   I N T E R N E T Ó W

Jak tak spojrzeć trzeźwym okiem,
wszystko wskazuje na to,
że **trzeba się napić**.

Ilustracje i projekt okładki
Maciej Zaręba

Redakcja
Monika Skowron

Opieka redakcyjna
Anna Steć
Bogna Rosińska

Adiustacja
Maria Szumska

Korekta
Joanna Myśliwiec

Projekt typograficzny i łamanie
Grzegorz Kalisiak | *Pracownia Liternictwa i Grafiki*

ISBN 978-83-240-4677-5

Flow Books
ul. Kościuszki 37, 30-105 Kraków
e-mail: promocja@flowbooks.pl

Książki z dobrej strony: www.znak.com.pl
Dział sprzedaży: tel. 12 61 99 569, e-mail: czytelnicy@znak.com.pl

Wydanie I, Kraków 2017
Druk: Colonel

PANI BUKOWA
WIELKI
OGARNIACZ
ŻYCIA
czyli jak być szczęśliwym,
nie robiąc niczego